小学校に
うまく
つなげる

「架け橋期」の保育実践アイデア集

白梅学園大学子ども学部子ども学科教授
増田修治 著

黎明書房

はじめに

幼保小の連携とつながりについては、「幼保小の架け橋プログラム」が提唱される前から考え続けていました。

私は、小学校教諭として28年間勤務していましたが、その間に数多くの学級を担任しました。その中の３・４年生で担任したクラスに、自閉症の翔太（仮名）がいました。翔太は、たくさんの問題を起こしてくれました。あるときは、校庭のそばにいる自動車に大石を投げて、ボンネットをへこませました。またあるときは、隣の女の子と仲よくしたいために、女の子の洋服をハサミで切ろうとしました。当然、私や友だちに怒られることが多くなりました。そんな翔太が、はじめて書いた詩です。

こいのぼり

吉田翔太

雨がふると
矢車とぼうだけ。
こいのぼりがないと、
さみしいな。

読んでいて、ジーンとしてきました。詩としてみごとなだけでなく、なんだか翔太の心が見えてくるようでした。人と関わりたいけれど関われない翔太。ここで描かれているこいのぼりは、翔太なのではないかと思いました。

その後、少しずつほかの子どもたちとの交流が深まるにつれて、人とつながる言葉は増えなかったものの、状況を表す言葉が増えていきました。そして、跳べなかった跳び箱が跳べるようになった喜びを書くようになっていきました。そして、ついにクラスの子どもとの関係が劇的に変わる出来事が起きたのです。

それは、翔太が学校の火災報知器のボタンを押そうしたことでした。

私は、

「どうして、火災報知器のボタンを押そうとしたの？」

と翔太に聞いてみました。すると翔太は、

「だって、〝押せ〟と書いてあったんだもん！」

と言ったのです。そばにいた何人かの子が、

「そういえばそうだなー！」

と大笑いしました。そのことを、ひとりの子がこんな詩にしています。

翔太っておもしろい？

石川小百合

この前翔太が、
火災ほうち器の
非常ボタンを押そうとした。
だからだれかが先生に言ったら、
先生が翔太に
「ダメだよ！」と言った。
そうしたら翔太が
「〝押せ〟と書いてあったんだもん！」
と言っていた。
私は大笑いした。

この詩を通信にのせてみんなで読み合ったところ、クラスのほとんど全員が廊下にとび出しました。そして、火災報知器を見たのです。すると、黒いボタンの上に透明なアクリル板があり、そこには『強く押す』と書いてあったのです。子どもたちは、

「ウワ〜、本当だ！」

と大騒ぎです。そして、

「翔太っておもしろいなー」

とか

「もしかして、翔太ってものすごく素直なのかなー？」

などという声が子どもたちの中から出てきました。

ここからわかったことは、人は言葉によって関係性が劇的に変わることでした。だからこそ、言葉をきちんと獲得できない子どもたちを減らしていく必要があるのだと思います。小学校へスムーズにつなげるためにも、乳幼児期からの丁寧な指導が必要なのです。

増田修治

目次

第2章

「架け橋期（5歳児）」の実践アイデア

第3章

「架け橋期」につながる実践アイデア

第1章

「架け橋期」と「架け橋プログラム」

「架け橋期」とは

幼児教育と小学校教育のスムーズな接続を目指す時期

文部科学省は、義務教育開始前後の5歳児から小学校1年生の2年間を「架け橋期」として位置づけました。そこで、その時期の教育の充実を目指し、令和4年度から3か年程度を念頭に、全国19のモデル地域において、実践を集中的に推進していくことにしました。

そして、「架け橋期」の子どもにかかわる大人が立場を越えて連携し、

①「主体的・対話的で深い学び*」の実現を図ること

②子ども一人ひとりの多様性に配慮したうえで、すべての子どもに学びや生活の基盤を育むこと

を目指し提唱されたのが「幼保小の架け橋プログラム」です。

幼児期の教育は、生涯にわたる人格形成の基礎を培う重要なものであ

＊主体的・対話的で深い学び

主体的な学び

学ぶことに興味や関心をもち、自己のキャリア形成の方向性と関連付けながら、見通しをもって粘り強く取り組み、自己の学習活動を振り返って次につなげる学び。

り、すべての子どもに等しく機会を与えて育成していくことが必要です。

また、幼児期はあそびを通して小学校以降の学習の基盤となる芽生えを培う時期であり、小学校においてはその芽生えをさらに伸ばしていくことが求められます。そのためには、幼児教育と小学校教育をスムーズに接続することが重要となります。

接続の際、幼児期と小学校がつながるためには、幼児期にどのような生活習慣を身につけさせるか、小学校の学びに必要な基礎的概念をどう育てるかを考えることが大切になります。

〈幼児教育と小学校教育の接続改善イメージ〉

小学1年生	5歳児
自治体が開発会議を設置及び策定	
モデル園，モデル小学校を選定し，実践の計画と検証	
上の結果をもとに，幼児期と小学校のつながりを意識した教育活動の在り方を検討	
スタートカリキュラムの見直し	アプローチカリキュラムの見直し
すべての小学校・幼児施設で教育課程や指導計画に反映	

対話的な学び

子ども同士の協働、教職員や地域の人との対話、昔のすぐれた人の考え方を手掛かりに考えること等を通じ、自己の考えを広げ深める学び。

園と学校をつなぐカリキュラムに大きな課題がある

文部科学省は、子どもが小学校生活にうまく適応できない問題は、園と学校、保育者と小学校教師との連携に大きな課題があるとしました。

そして、「幼保小の架け橋プログラムの実施に向けての手引き（初版）」において、次の課題を示しています。

・幼稚園・保育所・認定こども園の7～9割が小学校との連携に課題意識、各園・小学校における連携の必要性に関する意識の差

・半数以上の園が行事の交流等にとどまり、資質・能力をつなぐカリキュラムの編成・実施が行われていない

・「幼児期の終わりまでに育ってほしい姿＊」が到達目標と誤解され、連携の手掛かりとして十分機能していない

・スタートカリキュラムとアプローチカリキュラム＊がバラバラに策

＊幼児期の終わりまでに育ってほしい姿
14、15ページに記載。

定され、理念が共通していない

・「幼児期の終わりまでに育ってほしい姿」だけでは、具体的なカリキュラムの工夫や教育方法の改善方法がわからない
・小学校側の取組が、教育方法の改善に踏み込まず学校探検等にとどまるケースが多い
・施設類型の違いを越えた共通性が見えにくい
・教育の質に関するデータに基づき幼児期・接続期の教育の質の保障を図っていくための基盤が弱い

これらの課題が、小学校入学後の学びや生活の基盤の育成に大きな影響を与えていると結論づけており、この課題の解消が、「架け橋プログラム」において期待されています。

これまでは、「小一プロブレム」*は、小学校と幼保の環境の違いから起こると考えられていました。しかし、今は、小学校と幼保の学びの連続性に課題があると、とらえられるようになってきたのです。

＊スタートカリキュラムとアプローチカリキュラム

幼保小接続において、就学前を「アプローチ期」、就学後を「スタート期」としており、アプローチ期における教育課程を「アプローチカリキュラム」、スタート期における教育課程を「スタートカリキュラム」と呼んでいる。

＊小一プロブレム

子どもが小学校生活にうまく適応できないことから生まれる問題行動。この不適応な状態が続き、授業が成立しない状況をさす場合もある。

幼保小の差を埋め、学びの連続性を作る

幼児教育と小学校教育は、ほかの学校段階（小学校↓中学校、中学校↓高校など）に比べて大きな違いがあります。

例えば、保育園や幼稚園ではあそび中心の生活だったのが、机に向かって座り、時間割にしたがって授業を受ける生活へと変わります。あそびの時間も減り、おもちゃコーナーなどの環境もほとんどなくなります。

こうした生活や環境の差を埋め、幼稚園・保育園・こども園と、小学校とのスムーズな接続を目指す取り組みは、これまでも様々な形で実施されてきました。

その一つが「幼保小連携」の手がかりとして策定された「幼児期の終わりまでに育ってほしい姿（10の姿）*」です。小学校の「新学習指導要領」の総則にも記載され、幼保小の共通言語となりました。

＊幼児期の終わりまでに育ってほしい姿
２０１８年４月に改訂された「幼稚園教育要領」「保育所保育指針」等に

「架け橋プログラム」では、話し合いや交流によって生活や環境の差を埋めるのみならず、「主体的・対話的で深い学び」の連続性を作ることをねらいとしています。

具体的には、「幼児期の終わりまでに育ってほしい姿」を手がかりとしながら、５歳児のカリキュラムと小学校１年生のスタートカリキュラムを共通の視点で策定することを目指しているのです。

また、５歳児の活動や獲得した力を、教科教育とつなげることも意識されています。

〈学びの接続イメージ〉

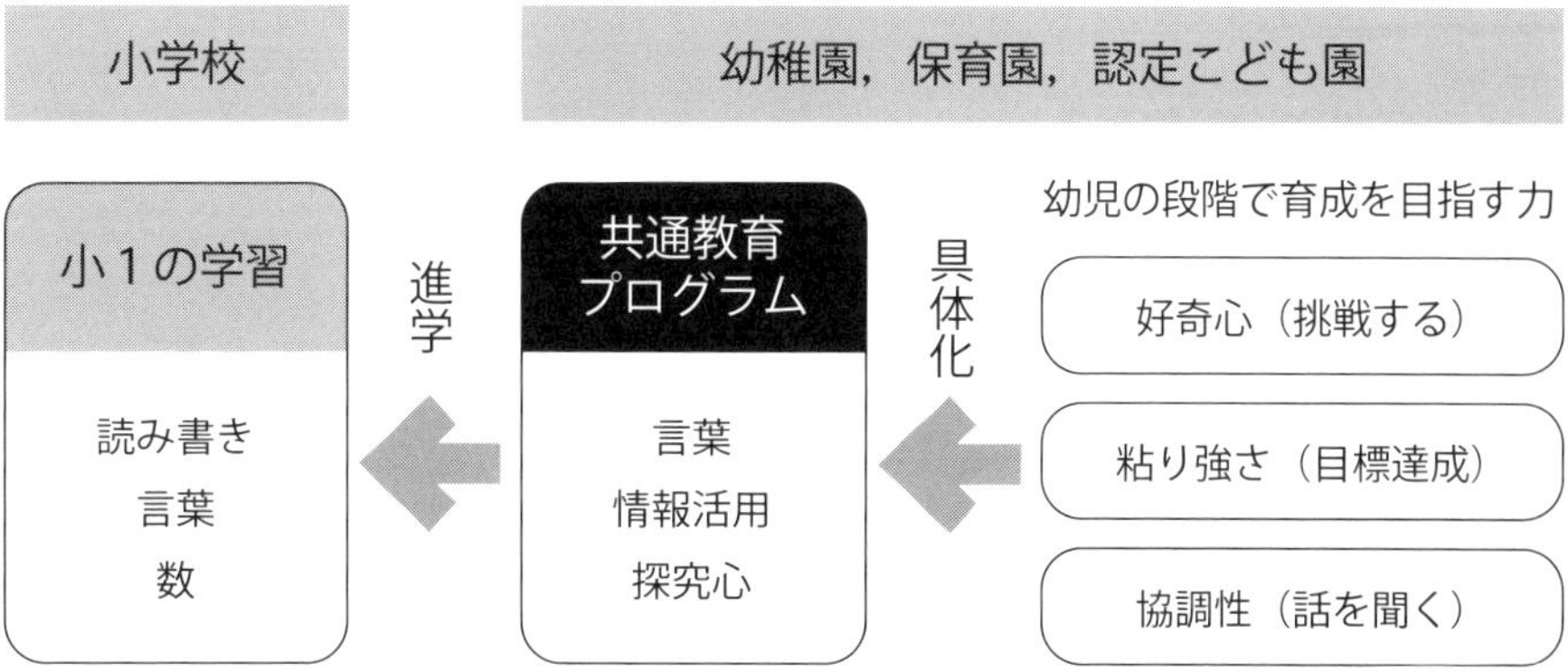

おいて共通項目として示された子育ての指針。卒園までに目指す姿として以下の10項目について、具体的な内容が示されている。

- 健康な心と体
- 自立心
- 協同性
- 道徳性・規範意識の芽生え
- 社会生活との関わり
- 思考力の芽生え
- 自然との関わり・生命尊重
- 数量や図形、標識や文字などへの関心・感覚
- 言葉による伝え合い
- 豊かな感性と表現

子どもが小学校生活に適応できない

「架け橋期」の交流や、学びの連続性が求められている背景には、子どもが小学校生活にうまく適応できないことから生まれる「低学年の荒れ」(小一プロブレム)があります。

具体的には、「座っていることができない」「教室から飛び出す」「授業時間になっても教室に戻ってこない」「授業放棄」「トラブルが続出し、1回トラブルが起きるとなかなかおさまらない」などです。

なかでも見過ごせないのが、暴力行為の増加です。

2023年10月17日に文部科学省が発表した「令和4年度　児童生徒の問題行動・不登校等生徒指導上の諸課題に関する調査」*では、2006年度と2022年度の「暴力件数」を比較して、小学1年生で53・5倍、小学2年生で32・4倍と、とくに低学年児童の暴力行為の激増が指摘されています。この低学年における暴力行為増加には、次のような理由が

＊児童生徒の問題行動・不登校等生徒指導上の諸課題に関する調査

教育現場における実態把握をおこない、児童生

考えられます。

・小学校での暴力行為が急に起きるわけではなく、幼保にその芽があるのではないか

・言葉で伝える力が、十分育っていないのではないか

・「学びに向かう力」という新しい考え方が幼保において十分浸透しておらず、小学校の学びへの基礎作りがされていなかったのではないか

現状を変えていくには、幼保にさかのぼった対応が必要であり、「架け橋期プログラム」の実施が期待されています。

とくに、小学校の学びは、言語を通しておこなわれることから、言語能力の向上が大切なポイントとなるのです。

〈2006年度と2022年度の「暴力件数」の比較〉

小学1年生	53.5倍
小学2年生	32.4倍
小学3年生	24.1倍
小学4年生	14.7倍
小学5年生	9.5倍
小学6年生	4.3倍

徒の問題行動等の未然防止、早期発見・早期対応、また、不登校児童生徒への適切な個別支援につなげていくことを目的として、文部科学省が毎年度実施してる。

「主体的・対話的で深い学び」に向けた「学びの土台」

子どもが小学校生活にうまく適応できないのは、小学校での学習についていけないことが要因です。

前ページで紹介した暴力行為も、授業の内容がわからないからつまらない、つまらないから立ち歩く、いらいらして友だちに手を出す、といった流れから起こります。

授業の内容がわからないというのは、「学びの土台」となる力が身についていないためです。学びの土台となる力がなければ、知識だけを詰め込んでも意味がありません。

例えば、「あいうえお」を学んでも、文字を組み合わせると言葉になる、言葉を並べると文章ができる、という学びの土台がなければ、言葉や文章は作れません。

実は、この言語能力がすべての学習の基本になります。

教師が話していることがわからなければ授業の内容は理解できません。文章が読めないと、教科書も理解できません。また、人は言葉によって思考しますが、語彙が足りないと思考が深まりません。人と円滑なコミュニケーションをとるためにも、言葉が必要なのです。

近年、日本の子どもたちの言語能力は低下しています。

文部科学省の中央教育審議会は令和４年12月、小中高校の次期学習指導要領の答申をまとめ、読解力向上を〝喫緊の課題〟＊と位置づけました。国際学力調査で日本の読解力の順位が低下したことを受けた措置です。答申では、国語を中心に語彙を増やし、子どもたちに文章の構造や内容もきちんと理解させる指導を求めました。

そのためにも、保育の中で、学びの土台、とくに言語能力の基礎を培うことが大切になってきます。人は、言葉を獲得することで成長することができるのです。

＊喫緊の課題
差し迫った課題のこと。

column

学びの土台となる力が身についていない子どもたち

小学校１年生で増田がおこなった「子どもの認識力調査」における，図形認識力の課題の一つです。図形認識力はひらがななど文字を覚えるのに必要な力であり，学力と大きな相関関係があります。

点つなぎ

見本と同じように点と点を線でつなぎ，形を描きましょう。

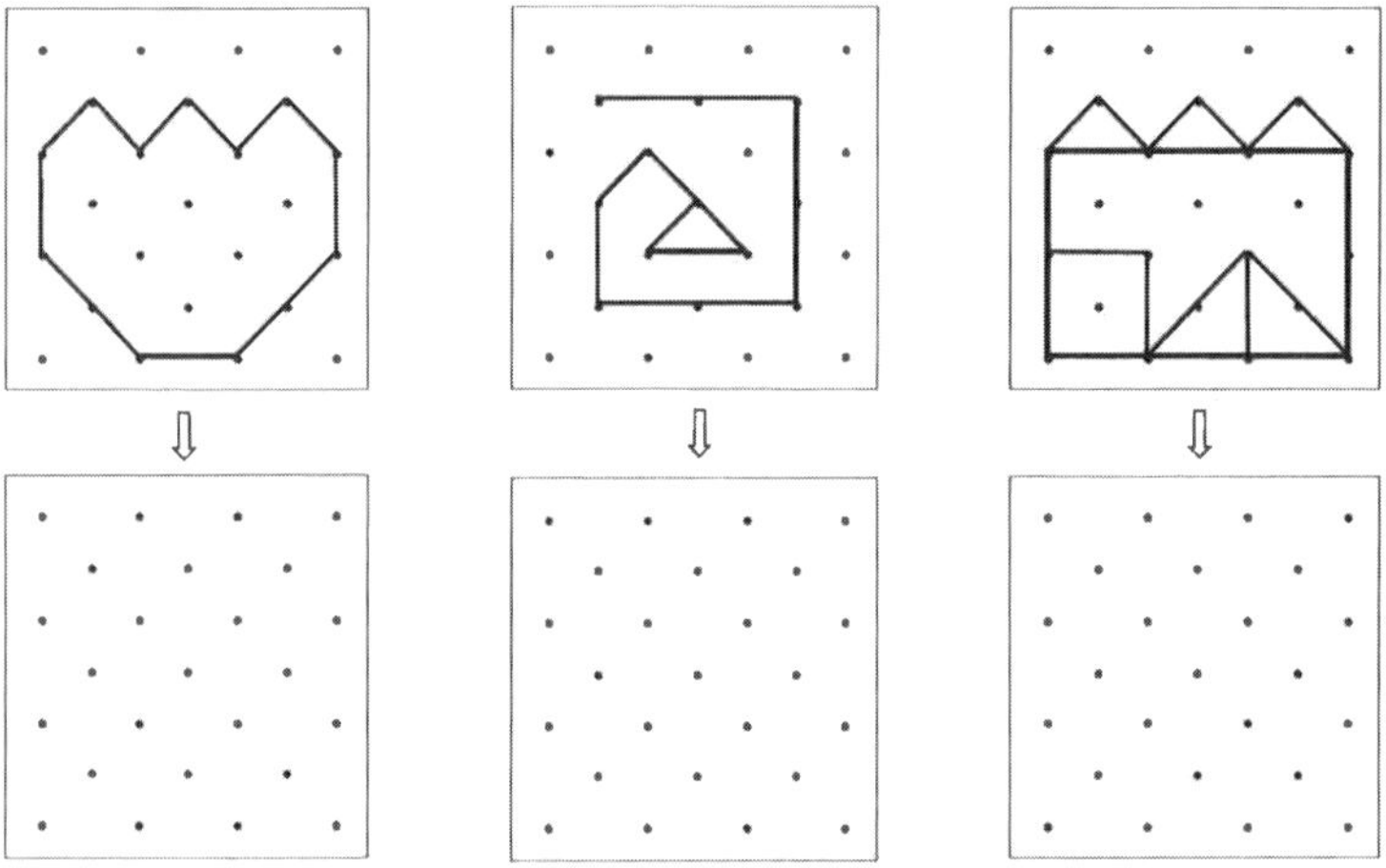

調査日 2021 年 10 月 28 日

小学１年生のクラスでの結果

　できた子とできない子では大きな差があることがわかります。このように大きな差がある子どもたちを同時に指導するのは大変なことです。授業のレベルをどちらに合わせるか，合わない子どもたちをどうするか。子どもたちの学力のばらつきは学級崩壊の原因にもなりかねず，課題は尽きません。

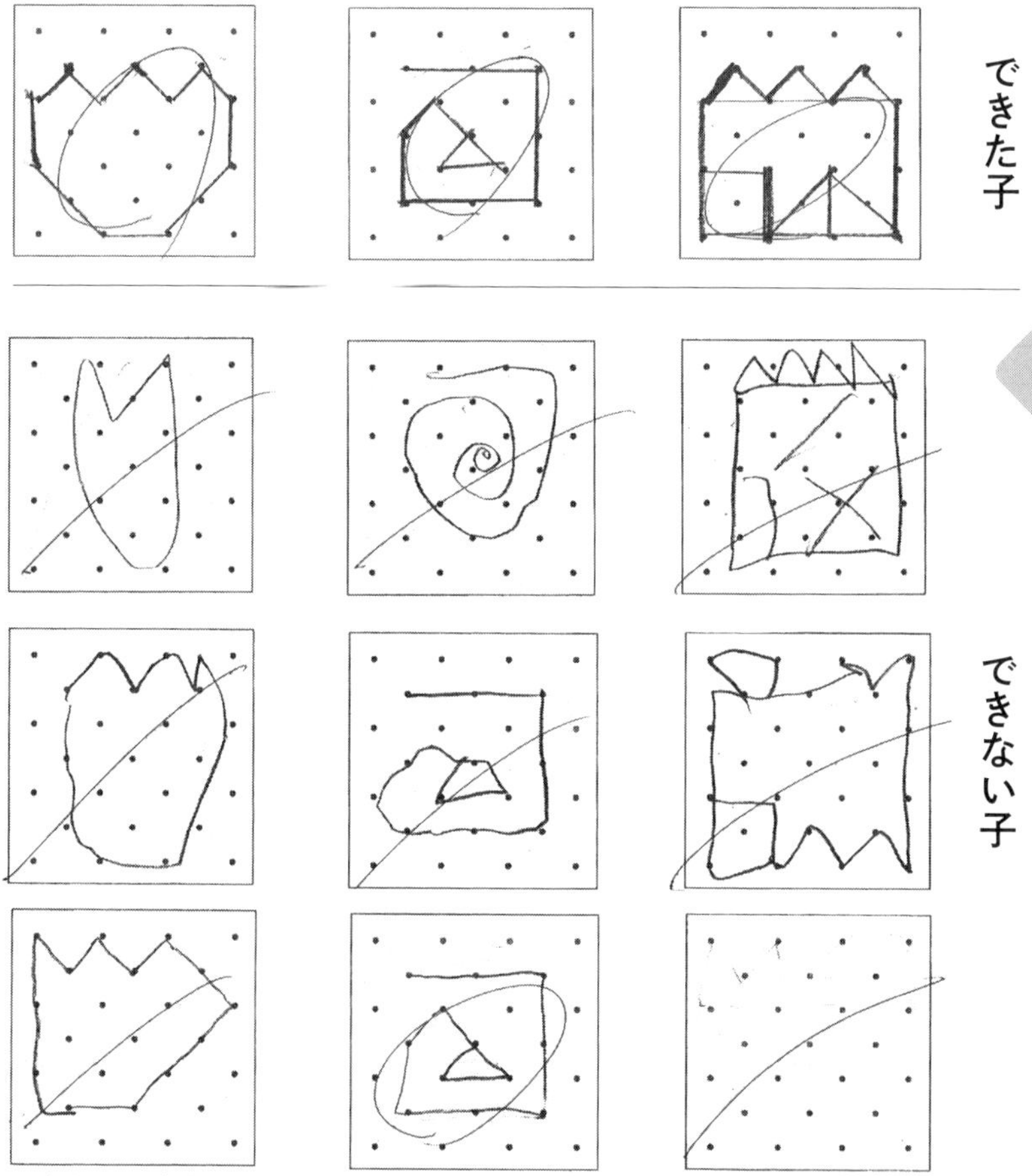

できない子が増えています。

言語能力の向上をねらいにした活動を継続的に

言語能力向上をねらいにした、5歳児クラスでの実践。

「あいうえあそびうた」
♪あのつく　ものは　なんだろな
あめです　ありです　あひるです
くのつく　ものは　なんだろな
◯◯です　◯◯です　◯◯◯です
てのつく　ものは　なんだろな
◯◯です　◯◯です　◯◯◯です

作：増田

ひらがな44音（を・んを抜いて）をとりあげて、それぞれ2音、3音の言葉を探してうたにしていくあそびです。

名詞を覚えることは言語能力の最初の段階です。子どもは名詞を足がかりに抽象的な概念を認識していきます。そして、頭の中で整理と統合をくり返しながら、思考を組み立てていくようになるのです。

この実践の結果、「長く話ができるようになった」「手を出すよりも先に言葉で言い合うようになった」などの変化が見られました。

なお、言語能力に加えて、幼児期に意識して育てたいのが体幹*です。体幹が育っていないため、授業中、まっすぐに座っていられない子どもが増えています。

第2章では、言語能力を育む活動を中心に、「架け橋期」の5歳児での実践アイデアを、第3章では、5歳児につながる0〜4歳児の実践アイデアを紹介します。

＊体幹

体の中心となる頭、四肢を除いた胴体部分のこと。体を動かすときは、腹筋や背筋等の大きな筋肉がまず動き、それに連動して手足の筋肉が動く。姿勢を維持するのも体幹の役割。

小学校とのつながりを意識する

５歳児の保育計画は、「架け橋期」であることをふまえ、次のことに注意しながら立てていきます。

①0歳から5歳までの成長を見通す

架け橋期は、５歳児から急に始まるわけではなく、０歳児の顔認知からつながっています。０歳児から５歳児まで子どもたちがどのように成長していくのかを見通しながら計画を立てることが必要です。

②10年〜20年先の姿を考える

この先、ＡＩが中心となる時代がやってきます。ＡＩ時代を迎えたときに、今の子どもたちが、自分で考え自分で工夫できる人になっている将来像を意識します。

③子ども一人ひとりがその子なりに成長できるようにする

子どもは一人ずつもち味が違います。それぞれのもち味を大事にしながら、さまざまな実践を組み合わせて保育計画を立てていきます。

④小学校との連携を意識する

小学校では教科ごとの学びになります。この教科の学びに必要な基礎的な概念を、幼児期にきちんと育てていくことが求められています。それが小学校との連携です。

⑤指導と評価の一体化をはかる

指導したことに対してたえず検証し、評価してから次の計画を立てます。これが、次のステップとしての保育実践につながります。

⑥実践と計画が有機的につながるようにする

計画を立てて終わりではなく、その計画が有効かどうかを実践で確かめ、計画を変えていくことが大切です。計画と実践が相互に補い合う関係になることを意識します。

⑦学習の土台となる言語能力を伸ばすことを考える

言語能力が低い子どもは、学びを理解することができません。乳幼児期を通して、言語能力を伸ばしていく一貫性をもった計画を立てることが大切です。

次のページで紹介する『架け橋期カリキュラム』共通の視点」を参考に、自身の園の指導計画を立ててみてください。

「架け橋期カリキュラム」共通の視点

「架け橋期」の５歳児と小学校１年生のカリキュラムに必要な共通の視点をまとめました（増田作成）。

	０歳児～		
９　８　７　６　５　４		月／共通の視点として考えられる項目	
広がり，依存から自立への		①期待する子ども像	
過去の体験のつながり	諸感覚を通した体験を 一つ一つ重ねる 感覚統合を進めていく	②あそびや学びのプロセス	
を中心としながら が広がっていく	愛着形成を形成する 自己有用感を育てる	先生との関わり	③指導上の留意事項
びの発展に配慮 世界を楽しむ）	先生が各幼児に準備	子どもの学びや生活を豊かにする園の環境の構成・小学校の環境作り	
を成長させようとする	様々な物の肌触りや感覚を育て，不思議さを感じ取る	様々な事にチャレンジする気持ちを育てる	
学び ことを成し	自分と違う他者の存在を知る　新しい知識を得る楽しさを知る	④園で展開される活動／小学校の生活科を中心とした各教科等の単元構成等	
下の年齢のクラスの面倒 うに工夫できる	同年齢集団での交流を深め，徐々に異年齢交流も深めていく	⑤子どもの交流	
子どもの成長を伝え，愛着形成を促す		⑥家庭や地域との連携	
待をもちながら，次につなげる「主体的な学び」ができているか たりして自らの考えを広げ深める「対話的な学び」が実現できているか 活を意味あるものとしてとらえる「深い学び」が実現できているか		⑦「主体的・対話的で深い学び」を生み出す３つの視点	

小学校２年生～	小学校１年生	５歳児
	3 2 1 12 11 10 9 8 7 6 5 4	3 2 1 12 11 10
	生活の場の広がり，他者との関係の広がり，興味や関心の 発達もふまえた期待する子ども像	
	自覚的な学び・ 自分の力で探求する力を育てる	文字や図形に対する興味・関心を育てる 図形認知の力を育てる　　様々な事に興 味をもち，確かめたり，調べる
	関わりの多様化・ トラブルの相対化を促す	幼児と先生との関係 ほかの幼児との関係
	自分の力で学校生活を送り，自覚的な 学びを生み出すような環境に配慮	自分の思いの実現やあそ （自ら，または他者と作る
	様々な取り組みを通して，達成感を感じる。それを踏み台として，自分	
	生活科を中心に合理的・ 関連的な指導	あそびを通した総合的な 他者と話し合い，一つの 遂げる喜びを知る
	同じクラスの友だちのもち味を知り， 学校行事等に積極的に関わる	年長としての意識を高め， を見たり，共に楽しむよ
	引き続き協力して愛着形成を促すと同時に，地域の行事等に 協力して取り組む	
主体的な学びの視点：周囲の環境に興味や関心をもって積極的に働きかけ，粘り強く取り組み，自らの活動を振り返って，期 **対話的な学びの視点**：他者やもの，環境との関わりを深める中で，自分の思いや考えを表現し，考えを出し合ったり，協力し **深い学びの視点**：直接的・間接的な体験の中で子どもが心を動かし，子どもなりのペースで試行錯誤をくり返しながら，生		

川越市「架け橋期カリキュラム」

「幼保小の架け橋プログラム」のモデル地域として，令和４年度から実践している川越市の「架け橋期カリキュラム」を紹介します。

5歳児 3 2 1 12 11 10 9 8 7 6 5 4	0歳児～	共通の視点
友だちを大切にし，仲よくあそぶ子 自分の思いを言葉で伝えたり，相手の話を聞こうとする子 楽しんで体を動かして元気にあそぶ子		①期待する子ども像
主体的あそびを通した総合的な学び		②あそびや学びのプロセス
物事に興味や関心をもち，主体的に取り組めるよう環境作りをする 伝え合い，励まし合い，力を合わせて取り組めるよう援助する 好きなことや得意なことを見つけ，自信をもって取り組めるよう援助する 安心して自己表現できるよう，子どもの思いを受け止め，信頼関係を大切にする		③指導上の配慮

(30，31ページへ続く)

小学校 ２年生〜	小学校１年生												つながり
	3	2	1	12	11	10	9	8	7	6	5	4	
	仲よくする子												
	よく聞く子												
	元気な子												
一人ひとりが安心して，自分のよさを発揮できる学び													
子どもたちが作りあげる授業を推進する													
よりよい人間関係を築けるよう支援する													
基本的生活習慣が身につくよう支援する													

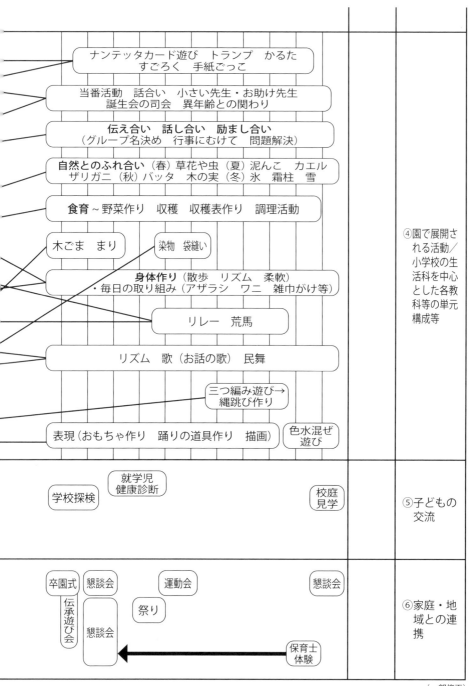

ナンテッタカード遊び　トランプ　かるた すごろく　手紙ごっこ 当番活動　話合い　小さい先生・お助け先生 誕生会の司会　異年齢との関わり **伝え合い　話し合い　励まし合い**（グループ名決め　行事にむけて　問題解決） **自然とのふれ合い**（春）草花や虫（夏）泥んこ　カエル ザリガニ（秋）バッタ　木の実（冬）氷　霜柱　雪 **食育**～野菜作り　収穫　収穫表作り　調理活動 木ごま　まり 染物　袋縫い **身体作り**（散歩　リズム　柔軟）・毎日の取り組み（アザラシ　ワニ　雑巾がけ等） リレー　荒馬 リズム　歌（お話の歌）民舞 三つ編み遊び→縄跳び作り 表現（おもちゃ作り　踊りの道具作り　描画） 色水混ぜ遊び		④園で展開される活動／小学校の生活科を中心とした各教科等の単元構成等
学校探検 就学児健康診断 校庭見学		⑤子どもの交流
卒園式 伝承遊び会 懇談会 懇談会 祭り 運動会 懇談会 保育士体験 → 懇談会		⑥家庭・地域との連携

（一部修正）

国語（じこしょうかい　みんなにはなそう　物語文　説明文）

算数（なかまづくり　なんばんめ　かずさがし　かたちあそび　たしざん　ひきざん）

特活（当番活動　係活動　話し合い　等）

生活（学校探検　種まき・お世話　公園探検　水であそぼう　虫探し　あきのおもちゃ作り　季節ごとの植物探し　新しい１年生の招待　１年間の振り返り）

体育（マット遊び　鉄棒遊び　水遊び　かけっこリレー遊び　跳び箱遊び　表現遊び　跳び遊び）

音楽（うた　リズム　楽器　鍵盤ハーモニカ）

図工（絵画　工作　造形遊び）

スタートカリキュラム

このつながりを考えてスタートカリキュラムを作成する

学校案内

授業参観
保護者会

授業参観
保護者会

授業参観
保護者会

保護者会

音楽会

運動会

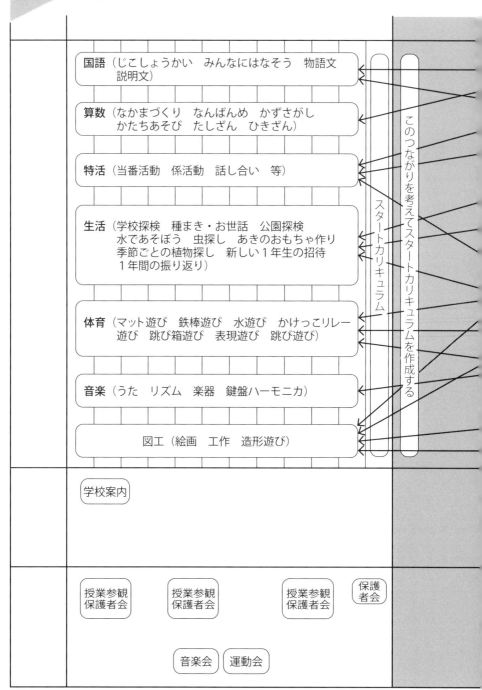

川越市の実践考察　2023年11月時点

令和４年度「幼保小の架け橋プログラムに関する調査研究事業」の採択自治体（全17自治体）は，次の３点の趣旨で選ばれました。

① 幼保小の接続期の教育の質的向上
② 子どもたちの多様性に配慮
③ 学びや生活の基盤を育む「幼保小の架け橋プログラム」について，接続期のカリキュラムの開発や研修の実施等に重点的に取り組む自治体

採択自治体に選ばれた川越市は，「幼保小の子供の育ちをつなぎ，志を高くもち自ら学び考え行動する子供の育成」を理念として架け橋期のカリキュラムを編成しています。

立候補のあった市内の園の中から，私立保育園１園・公立保育園１園・私立幼稚園２園を選び，一緒に研究を進め，様々な実践を共に考えました。

ある園では，絵本を読んでその場面をイメージした絵を描かせることで，本好きにする取り組みをおこないました。体幹を鍛えるあそびを取り入れ，片足立ちなどの計測もおこないました。

それらの成果をもとに，小学校と連携して創り上げたのが 26 ～ 31 ページまでの表です。園の取り組みや学びと，小学校の教科をつなげていきました。

しかし，本当にそのつながりが正しいのかどうかは，今後の課題でもあります。一番の課題は，小学校は様々な保育園と幼稚園の子どもたちが集まるため，効果検証が難しかったということです。

これは，どの自治体も抱える問題だと思います。しかしながら，この本が，架け橋期にどのようなことを念頭に置いて実践したらよいのかを差し示すものになるに違いないと思っています。

増田修治（川越市・架け橋連携協議会委員長）

第2章

「架け橋期（5歳児）」の実践アイデア

実践 1
（5歳児）

ひらがなに興味をもち、言葉や文章を作る
ひらがな釣り

背景

ひらがなの読み書きは，興味・関心により個人差がある。

ちょうど「魚釣りあそび」で盛り上がっていたので，魚をひらがなに変えてあそぶことで，ひらがなへの関心のない子も楽しめて，関心が芽生えるのではないかと考えた。

ねらい

● 文字，数量，時間，標識，記号などに興味をもち，生活やあそびに取り入れる。

内容（展開）

① ひらがな釣りの道具を，自分たちで作る。
- 釣りざおは，広告紙を細く丸めて作る。先に糸と磁石をつける。
- ひらがなのカードにクリップをつける。

② 最初は「２文字釣り」。２文字でできる言葉を考えて釣る。２文字の言葉ができるようになってきたら，次は３文字釣り，４文字釣りと段階を上げる。

③ あそびに慣れたら，３文字を釣り，それぞれを頭文字にして，「誰が」「どこで」「何をした」の文章を作る。

増田

子どもたちは，クリップをつけた魚を釣り上げる「魚釣りあそび」が大好きです。そうした子どもの実態と，ひらがなを覚えていくことをつなげたところが，すばらしい実践です。

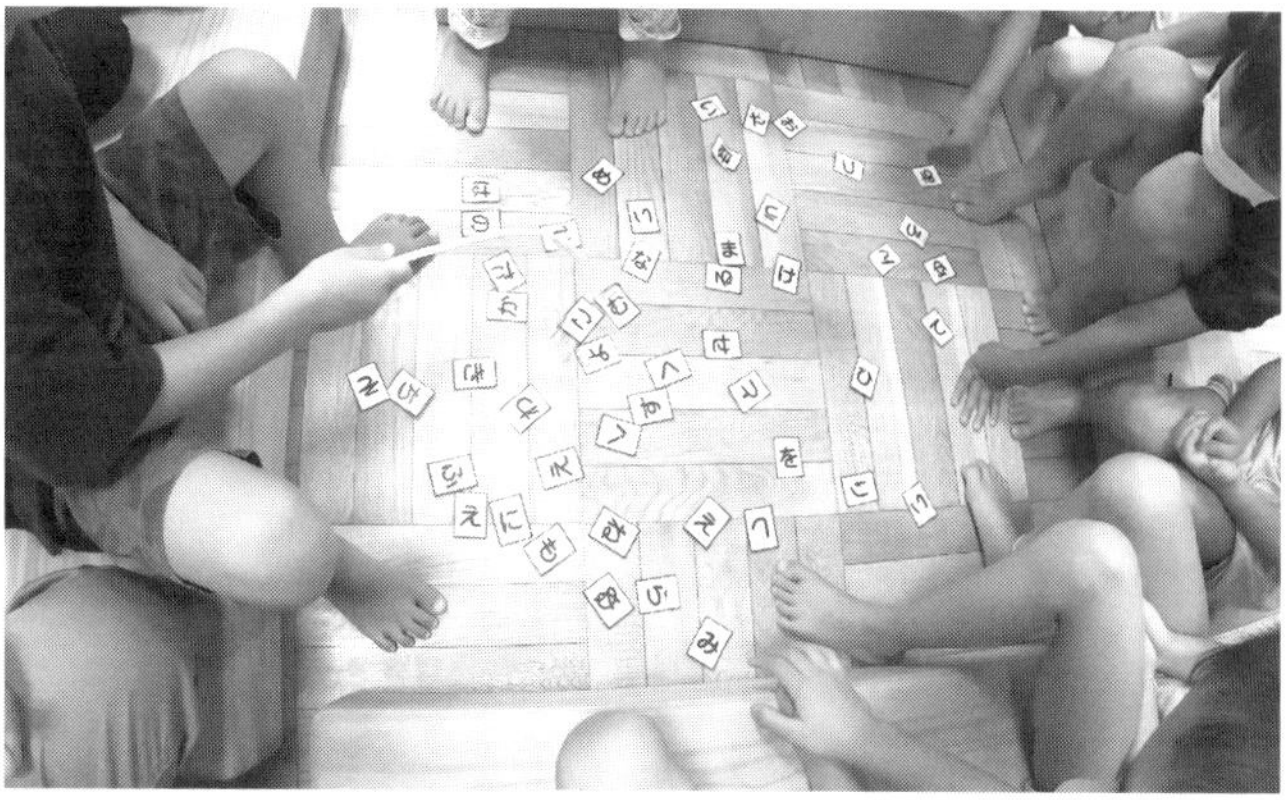

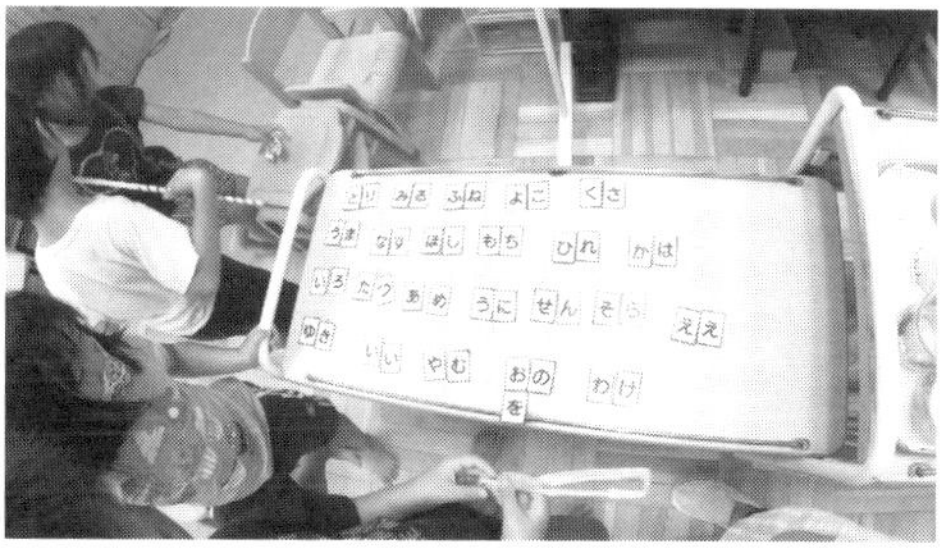

あそび始めると，「あれ？ 2文字じゃなくて3文字だった」など，イメージした言葉と実際の数の違いに気がつく子どもがいた。

「う」「つ」「も」を釣った例
うさぎが，つきで，
もちつきをした

「う」「に」「た」を釣った例
うさぎが，にんじんを，たべた

釣った3文字をホワイトボードに貼り，「誰が」「どこで」「何をした」のそれぞれの頭文字になるような単語を考えて文章にした。

考察

- 「話す」だけではなく、「書く」「読む」という新しいコミュニケーションスキルを獲得するきっかけになった。また、語彙数が増え、自分の気持ちを丁寧に伝えるようになった。
- 「ひらがな釣り」の準備を子ども同士でおこなうことで、「協同性」が生まれた。

実践2（5歳児）

人の思い・自分の思いを知り、文章にする 今の気持ちは??

背景

かるたの絵札に合わせ，自分が考えたセリフを言うあそびがブームになった。その姿から，文字をあそびの中に取り入れ，文字への興味・関心を育てようと考えた。

そこで，友だちの写真や絵を見て文章を作成するあそびを提供した。

ねらい

● 状況や気持ちを言葉や文章で表現できるようにする。

● まねをしながらでも文字を書くことにチャレンジする。

内容（展開）

① 友だちの写真や絵に合った文章を作る。文字が書けない子は保育者の文字をまねたり，50 音表を見ながら書く。

② 作った文章のフキダシをつけた絵や写真を掲示する。

③ クラスだよりで活動を紹介し，保護者とも共有する。

増田

幼児期に，コミュニケーション能力を育むことはとても大切です。人の思いを知る，自分の思いを知ることは，そうした力を育てていく実践です。

表情に合わせたり，背景を想像して自由な発想で書いた。短文だけでなく長文（主語・述語を使い文章を組み立てる）も見られた。

１枚を書き終えると，「もっとやりたい」と何枚も書いている子どもがいた。友だちと一緒に気持ちを考えて，文章を作っている子も見られた。

どの写真に文章をつけるか，並べた写真から自分で選んだ。

考察

・自分で写真や絵を見て文章を書くことは、正解が一つではない。「自由な発想ができること」を子どもが意識できる活動になった。

・「友だちの写真や絵を見てそれに合った文章を考えること」は、人の状況や気持ちを理解する力の育ちにつながった。「自分たちの経験」が背景にあると、イメージが広がりやすく文章が作りやすいようだった。

実践3（5歳児）

興味・関心に沿った活動で成功体験を味わう
サークル活動

背景

自分の意見を言わなくても活動が成り立ったり，指示待ちの子が多かった。

自分のやりたい活動を見つけ，少人数のサークルにすることで，自分の思いを言葉にしなければ活動が成り立たない環境を作りたかった。

ねらい

- 目的をもって，最後までやり遂げる力を養う。
- 友だちと協力し，助け合いながら活動を進める。

内容（展開）

① はたけ部，飼育部，自由研究部，音楽部，体育部の5つから，それぞれ希望のサークルを選ぶ。

② 一年間を通して活動し，最後にがんばったこと，学んだことをサークルごとに発表する。

はたけ部　野菜の種や苗を植え，栽培，収穫。

飼育部　クラスで飼育しているメダカやカブトムシの世話，花壇の水やり。

自由研究部　やってみたいと思ったことを自由に活動。

音楽部　ピアノに合わせ音階をうたったり，ハンドベルに挑戦。

体育部　縄跳びやいろいろな運動に挑戦したいと目標を決め，毎日練習。

増田

一人ひとり自主的に活動し，成功体験を味わうことは子どもの成長につながります。興味・関心に沿った活動を保証することが成長への底力となっていきます。

はたけ部 話し合って決めた野菜を栽培。収穫した野菜を友だちや保育者に食べてもらうことで達成感を得られた。

飼育部 毎日，花壇の水やりをおこなった。植物の生長や変化にいち早く気づき，活動を楽しみ，友だちと喜び合うことができた。

自由研究部 大きな段ボールで家を作った。完成すると満足そうに中へ入って楽しんだ。

音楽部 音符や記号をなぞるワークを活用したことで楽譜に親しみをもつようになった。ハンドベルは周囲の友だちも興味をもち，練習を見に集まってくることもあった。

体育部 体育活動の先生に指導してもらい，足上げ腹筋・かかし・V字バランス・ブリッジ・縄跳びなどで体幹を鍛えたり，体育活動の手伝いをした。

考察

・サークルごとに話し合いを進めたことで、相手の意見を取り入れようとしたり、自分の思いを伝えようとする姿が見られた。

・友だちと目標をもって取り組むことで、一緒に何かを作り上げていく楽しさやうれしさを感じていた。

実践 4
（5歳児）

空間を認知する力と協働する力を育む みんなで町の地図作り

背景

クラス全体に落ち着きがなく，まとまりが感じられなかった。

一人ひとりが集中力を身につけ，自分で考えて行動できるように，また，相手の気持ちを考えられるようにすることで，クラスの一体感を作ろうと考えた。

ねらい

- 「町の地図作り」を通して，就学に向けた集中力や友だちと協働する力を養う。
- 地図を作ったり，見たりする力を育てる。
- 空間認知の力を育てる。

内容（展開）

① 一人１枚，町の地図を作る。道や建物などは描き，車やお店などは広告の写真を切って貼る。

② 完成した地図をみんなの前で発表し，説明をする。

増田

曲がり角や目印をもとに地図を描くことは，ものとものとの距離感や位置関係などを認知する力が育ちます。クラスで協力し合うことで，協働する力も培われます。

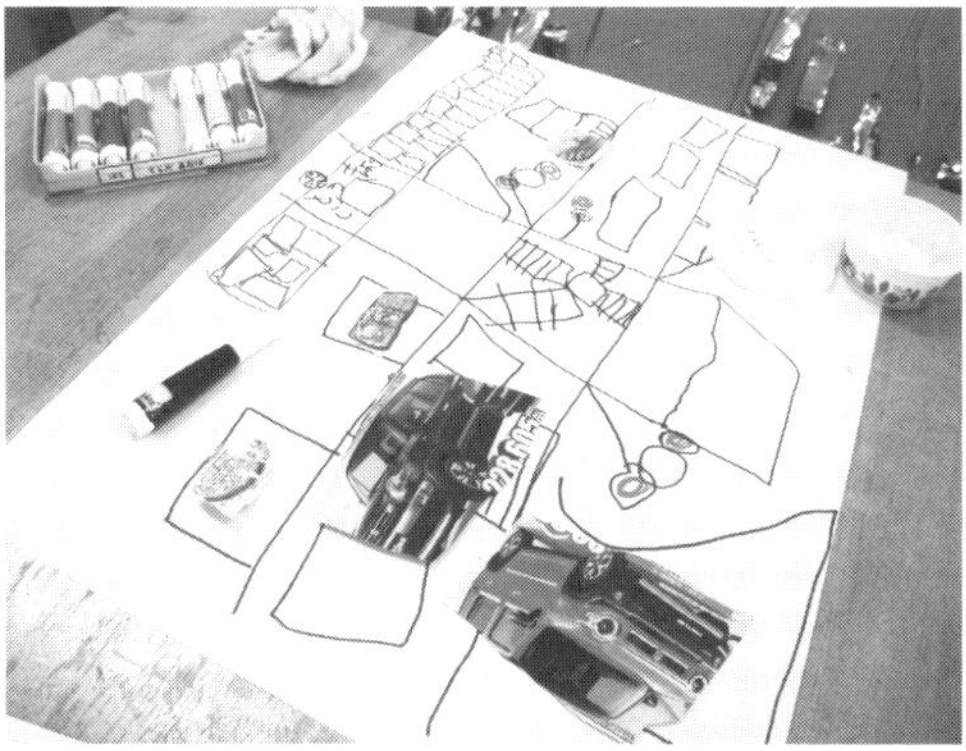

描き始めるまでに時間がかかる子もいたが，友だちに「ちょっと見せて！」と見せてもらったり，「ぼくはこうやって描いているよ」と教えてもらったりするうちに，アイデアが浮かんで，意欲的に描き始めることができた。友だちと協力し合いながら切り取る広告を探したりする様子も見られた。

発表では少し緊張する様子もあったが，「作っていておもしろかったところは〇〇です」などと作っているときの気持ちを伝える子，「これはなんでしょう？」とクイズを出す子，描いた理由を話す子など，それぞれが自分で考えて話ができた。

考察

・使う広告をめぐって「〇〇の広告、ないかなー」と誰かが言うと、「ここにあるよ」と答えるなど、声をかけ合って協力する様子が随所に見られた。製作をしながらクラスの一体感や結束力が感じられ、「仲間」意識が作られていったようだ。

実践5
（５歳児）

調べる力、言葉にして伝える力が育つ ご当地名産品あそび

背景

保育者の話が聞けずにふざけたり，友だちとのトラブル時に口調が強くなったり，気持ちを自分の言葉で伝えられなかったりする姿があった。

話し合いや意見を出し合う環境が必要だと考え，子どもに人気の大阪の名産品が登場する手あそびを参考に，自分たちで手あそび歌を作ってみることにした。

ねらい

● 手あそび歌を作る経験を通して言語能力を鍛え，伝える喜びや達成感を得る。

● 都道府県の名産品や有名観光地などを調べ，調べたことを言葉で表現する。

内容（展開）

①「みんなの住んでいる静岡県には，どんなおいしいものがあるか」を，家族に聞いてみる。

② ①で集めた名産品を使って，「大阪うまいもんの歌」の歌を元に歌詞と振り付けを考える。

③ 全国の都道府県の名産品がイラストでのっている地図を用意し，［県を選ぶ→名産品を調べる→発表する→歌詞と振り付けを考える］をくり返す。

増田

住んでいる町の名産品などを調べ，発表し合い，歌にするあそびは，調べる力，地域に興味をもち，地域を理解していく力となっていきます。

保育室に全国の名産品がのっている地図を貼ると，「ひつまぶしってなに？」「みそかつ，知らない」などの声があがった。そこで，保育者が調べて写真を紹介した。家族で名産品を調べてきた子どもも多かった。

大阪うまいもんの歌

大阪にはうまいもんがいっぱいあるんやで〜
たこ焼き　ぎょうざ　お好み焼き　豚まん！

みんなで作った歌詞

静岡うまいもんの歌

静岡にはうまいもんがいっぱいあるんやで〜
さくらえび　みかん　まぐろ　お茶

都道府県の名産品を取り入れた手あそび歌作りでは，話し合って作り，それをみんなでうたってあそぶ楽しさを味わうことができた。

考察

・一人ひとりが積極的に発言して、一緒に考えて作り上げていく楽しさや達成感を味わう経験ができた。コミュニケーションが深まり、生活やあそびをスムーズに進められるようになってきた。

・友だちの話を興味をもって聞くことができ、くり返す中で聞く力が養われた。

実践6
（5歳児）

言葉あそびを楽しみ、読む力の基礎を育む
単語作り

背景

子どもたちの言語能力には大きな差があり，関心の違いも大きいことがわかった。

単語から文章を作る経験や，話し合う時間をもつことで，その差を埋めたいと考えた。

ねらい

- 文字から単語を作り，意味を知るあそびを通して，文字や言葉への興味をもち，語彙力を高める。
- グループであそび，発表する経験を通して，言葉で伝える力を身につける。

内容（展開）

① 一文字ずつのひらがなカードを用意する。

② グループごとに，あ～ら行の中から1～2行を選び，文字カードをテーブルに広げて，単語を作る。

③ 作った単語を紙に書いて発表し，単語の意味を共有する。

④ 出てきた単語を使ってお話作りをおこなう。

増田

言葉を並び替える「アナグラム」は，言葉に興味をもち，語彙力を高め，ひらがなを読む力の基礎となる力を育てる実践です。

「あ行」と「た行」で，どんな単語があるのか声に出して読みながら考えている。

考察

- ひらがなが読める子は、頭の中で考えすぐに単語を作っていたが、ひらがなが苦手な子は時間がかかっていた。
- 活動をくり返す中で、はじめはひらがなに興味がなかった子も興味をもち、ひらがなや言葉を習得することができた。

みんなの前で，どんな単語を作ったのか発表。意味がわかりにくい単語については，みんなで考えた。

ヒロくんが「**ぬの**」で洋服を作りました。

アイちゃんが「**にら**」でサラダを作りました。

コウくんが「**のり**」でおにぎりを作りました。

タカちゃんがヒロくんの作った洋服を着て，アイちゃんの作ったにらのサラダとコウくんの作ったおにぎりを食べて出かけました。

「ぬの」「にら」「のり」の言葉を見つけて，お話を作りました。

実践 7

（5歳児）

自分の思いを、わかりやすく具体的に伝える 絵カードでお話作り

背景

帰りの会で「今日の楽しかったこと」を発表する時間を作っている。しかし「鬼ごっこをして楽しかった」など簡単な文章で話す子どもが多い。

伝えたい内容を，文章の構成を考えて話せるようになってほしい。

ねらい

- 「○○さんと，△△をしてあそんだから楽しかった」と伝えたいことを文章で伝えられるようにする。
- 「だから」「だったから」という接続詞を知り，使えるようにする。

内容（展開）

① 1つのテーブルに4人ずつ座り，テーブルに4枚の絵カードを並べる。各自，並べられた順に，1枚に1文ずつ，全部で4つの文章を作って，1つのお話にする。

② テーブルの4人で，自分の作った話を発表し合う。

③ 次に絵カードの順番を自由に並べ替えて話を作る。

④ みんなの前で一人ずつ，作った話を発表する。

増田

自分の思いをきちんと伝える力が育まれる実践です。みんなの前で話す機会が多くなる小学校での学びにつながります。

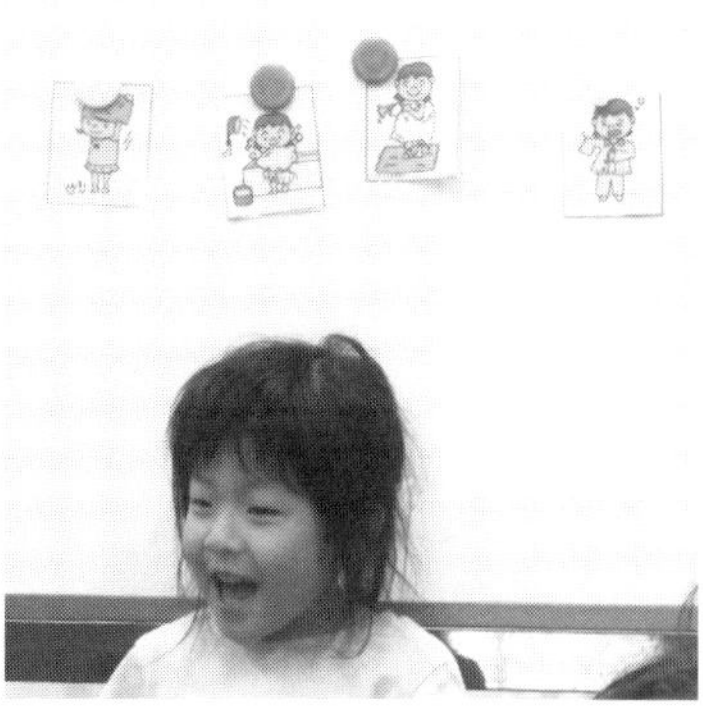

ある子どもは，「はーとちゃんが服を脱ぎました」「はーとちゃんがお風呂に入りました」「はーとちゃんが体を拭きました」「はーとちゃんが眠いからパジャマに着替えました」と話した。
４枚目で「眠いから」と〝だから〟の接続詞が使えていた。

接続詞を伝える試みとして２つの文章を書いて伝え，どちらの文章が言いやすいか聞いてみた。数名，「あらったからだよ！」を選んだが，多くの子どもたちは違いがわからない様子だった。

考察

・４枚すべてで、「○○は○○だから○○をしました」と文章を作ることはまだ難しいが、友だちが作った文章を聞くことでも、文章や話を作る楽しさを味わえたようだ。

・絵カードの取り組みのあと、帰りの会での話し方が少しずつ変わってきた。「○くんと園庭で畑ごっこをしてあそんだのが楽しかったです」など、人や場所の情報が増え、言葉の発達を感じた。

実践8
（5歳児）

物語に集中できる環境で、イメージを広げる お話やさんのお話会

背景

普段から絵本の読み聞かせなどを通して物語に親しんでいる。

担任以外の保育者（お話やさん）が読み聞かせをすることで，新鮮な気持ちで物語をより楽しむことができるのではないかと考えた。

ねらい

- 物語の世界に集中し，イメージを広げて楽しむ。
- 本を読む楽しさを体験する。

内容（展開）

① 絵本に集中できる環境を設定する。

・背の高さに配慮したり，暗さが苦手な子は入り口付近の席にするなど配慮をしたうえで，一人ひとりの名前シールを貼って「指定席」にする。

・カーテンを閉めて大きな物音を防ぎ，保育者の出入りを最小限にする。

② 子どもの興味に応じた絵本を選ぶ。

［例］5歳児は『ふしぎなヒーローやさん』

③ 集中できる時間を考慮し，子どもたちの集中が途切れないようにプログラムを考える。

［例］1 あいさつ　2 手あそび（5分）
3 読み聞かせ（着席10分）

増田

子どもが興味をもってワクワクできるプログラム，集中したくなる環境作りが大切です。そのような環境を意識した「お話会」は，とてもよい実践です。

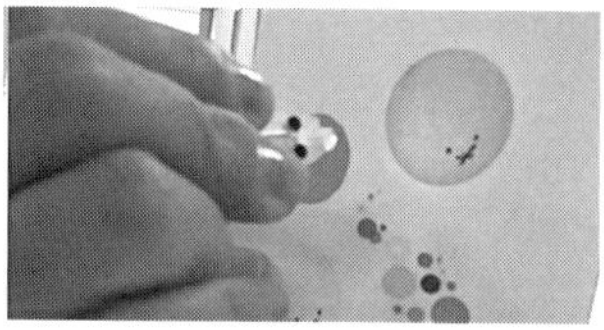

特別感を演出する入場券を用意した。ブラックライトで光るスタンプを押しておき，会場で見られるようにした。

考察

・ブラックライトで光るカードや、カーテンを閉めた室内、名前のシールが貼られた席やランプなど、いつもと異なる環境でワクワク感が高まったことが、集中につながった。

・席の設定も一人ひとりの状態に合わせて細かい配慮をしたことで、物語の世界に入り込むことができ、それぞれにイメージを広げて楽しんでいた。

読み聞かせの前に，子どもたちが声を出したり，体を動かしたりできる手あそびをおこなって準備をした。

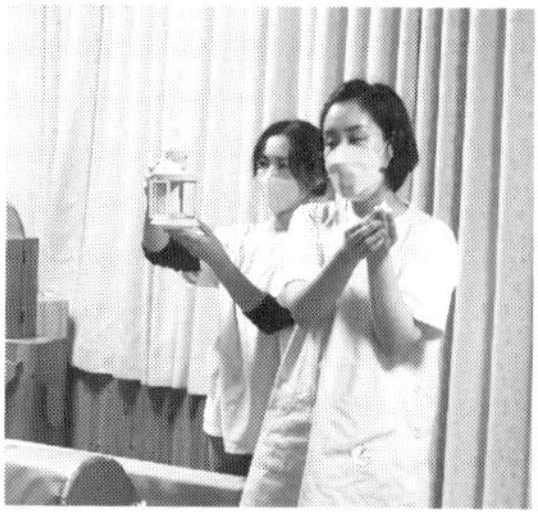

ランプを使って，ランプがついている間は保育者だけが話すというルールを共有し，静かにお話の世界に入り込めるようにした。それによって，終了のランプが消えるまで，おしゃべりをすることなく聞き入っていた。

column

子どもの育ちには，外からの働きかけが必要

５歳児の言語能力の基礎は，０～４歳児に育まれると言えるでしょう。そのために，どのような手立てをとるべきかが，大きな課題です。

手立てとなるのは，手指活動の強化，子どもたちの生活感覚を育てること，様々な感覚や感触に触れさせること，その感覚や感触に基づいた喃《なん》語《ご》・発語などを促すことなどです。

また，図形認知の力や空間認知の力も，子どもがしぜんに獲得していくわけではありません。外からの働きかけがあって，獲得していきます。

空間認知能力が低いと，スポーツ中はもちろん普段の生活の中でも特定の動作が苦手になる場合があります。効率的に動けなかったり，小さなミスが増えたりすると，本人のイライラやトラブルにつながることもあります。空間認知能力が高い子どもの特徴には，「人や物にぶつからずに歩ける」「ご飯をうまく食べられる」などがあります。

言語能力も，図形認知の力や空間認知の力も，園生活の中でぜひとも意識的に育ててほしいと思っています。

第3章

「架け橋期」につながる実践アイデア

実践9（0歳児）

人を認知する力が育つ パパ、ママ見ーつけた！

背景

1歳を過ぎた子どもが多くなり，指さしで知らせてくれる子や，「まんま」「わんわん」など，意味のある片言が聞かれるようになってきた。

この時期の子どもたちとのコミュニケーションとして，ものから人への興味を広げられるあそびを考えた。

ねらい

- 家族と自分の顔を貼ったサイコロを使って，自分と他者を区別できるようにする。
- サイコロを媒介にして，人と関わる心地よさを知る。

内容（展開）

① 牛乳パックを使ってサイコロを作る。

② サイコロ面に，自分の顔・自分のマーク・園のマーク・保護者・担任の写真と，好きな動物などの写真を貼る。

③ サイコロを転がして，上の面の写真が誰かを，子どもが言葉にする。また，保育者が，「〇〇ちゃんのママは？」などと聞いて，子どもが指をさす。

増田

意欲や協調性，コミュニケーション力など非認知能力は，認知の力が基礎となって育ちます。さらにその土台となるのは人を認知する力。それがこの実践で育まれます。

自分の写真が貼ってあるサイコロを見つけるとすぐに手に取った。自分と他人の区別がついていることがわかる。写真のほかの面には，自分のマーク，園のマークなどを貼った。

面が変わるたびに，指を差して「ママ」「パパ」と保育者に知らせる。保育者が「パパいるね」とうなずくと満足そうにする。こうした関わりが，保護者と園のつながりを作っていく。

考察

- 自分の顔の区別がついた子どもたちは、「パパ」と指をさしたときに、保育者が「パパいたね」とこたえると、にっこりする姿がある。自分を受け止めてもらえる安心感を得ていた。
- 次第に、サイコロの写真と隣にいる友だちが同一人物であることを理解し、自己認知と他者認知がより進んでいった。

実践10
（0歳児）

ものの名前を知り、2つの言葉をつなぐ 絵探し

背景

ものの名前がわかり，言われるとそのものを探すことができるようになってきた。

そこで，さらに語彙力を増やし，言われたことを理解して行動に移せるよう，絵カードを使って指示されたものを探すあそびを取り入れた。

ねらい

- 指示されたもののカードを選ぶことができるようにする。
- 「○○のくつした」など，２つの言葉の「足し算」を理解できるようにする。

内容（展開）

① 衣類，キャラクター，衣類とキャラクターの組み合わせの絵カードを用意し，それぞれマグネットシートに貼る。

② 絵カードをホワイトボードに並べ，保育者は，衣類と，絵柄の名称を順番に伝えて子どもが選ぶ。

③ 選んだ２枚の絵カードを横に並べ，「消防車のくつした」などと２つの言葉をつないで伝え，その２つの組み合わせの絵カードを探す。

増田

絵と絵を示して，それを合わせたらどのようなものになるかイージすることが，言葉をつないでいく力の基礎になります。

衣類，キャラクター，衣類とキャラクターの組み合わせの絵カードを用意し，子どもたちに２つの言葉の「足し算」を説明する。

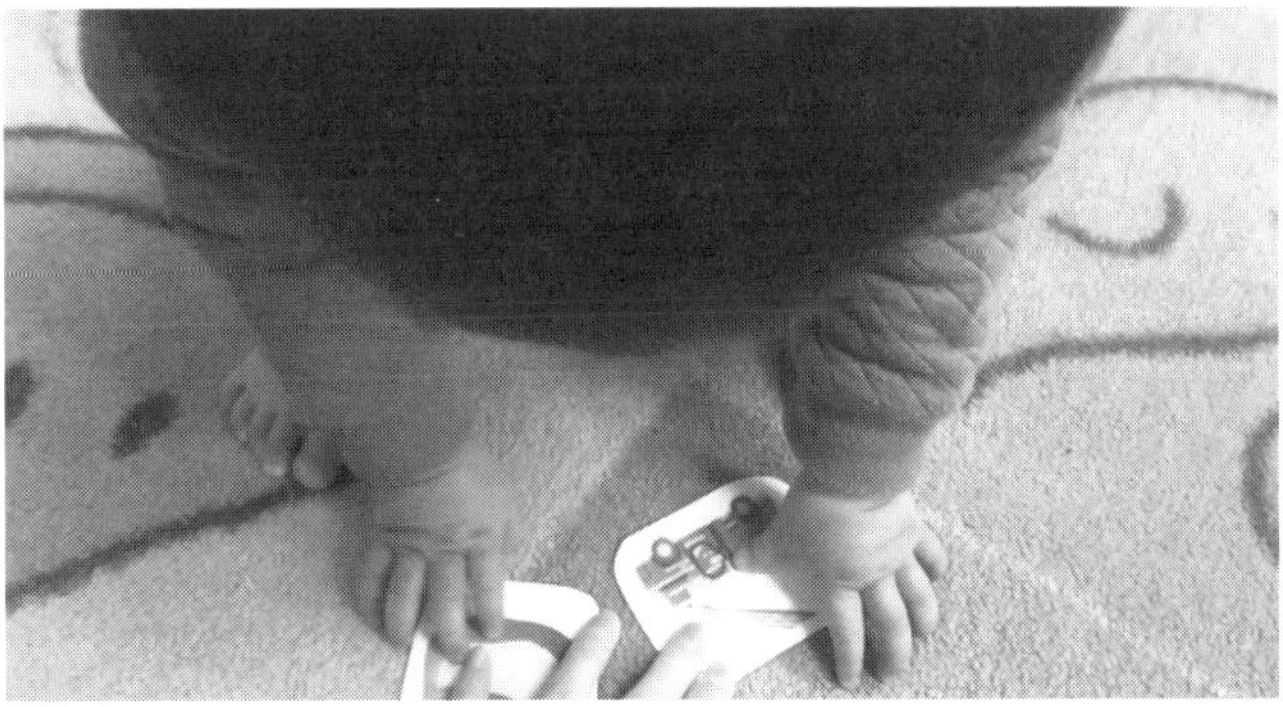

くつしたと消防自動車の絵カードを見せて，「〇〇ちゃん　消防車のくつしたを探してね」と伝える。

いくつかある絵カードの中から，指示されたくつしたに消防車の絵が描いてある絵カードを探す。

考察

・このあそびを通して言葉への興味が増し、「くっく（靴）」「ぼーし（帽子）」といった発語へとつながった。

・「〇〇のぼうし」など、２つの言葉の「足し算」を理解するのはまだ難しいが、ものと言葉を組み合わせて理解ができるようになる子どもが多かった。

実践11（0歳児）

様々な感触と出あい、感触を表す言葉に触れる どんな感じ？

背景

雨が続く時期，室内で感触あそびを楽しむ中，様々な感触に興味を示し，じっくりとあそぶ姿があった。

この時期の子どもたちに，初めての感触とたくさん出あってほしい，言葉の発達にもつなげたいと考えた。

ねらい

- ふわふわ，ざらざら，でこぼこなど，多様な感触を経験する。
- 保育者が多様な感触を言葉で伝えることで，感触を表す言葉に触れる。

内容（展開）

① 段差のあるもの，水の入ったもの，ペットボトルのフタ，人工芝，スポンジのふわふわ部分，スポンジのざらざら部分，フェルトボールなどの様々な感触の素材を準備する。

② ①をジョイントマットなどに貼る。

③ 子どもたちは，さわったり，上に乗ったりして，自由に感触を楽しむ。

増田

様々な手ざわりや足ざわりを経験する実践は，五感の一つ，触覚を育みます。保育者が感触を表す言葉を口にすることで，感触と言葉がつながるきっかけになります。

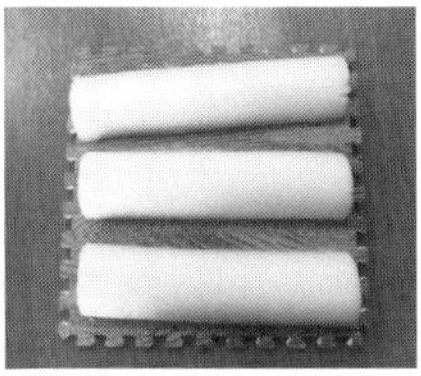
プールスティック

スポンジのざらざら面

スポンジのふわふわ面

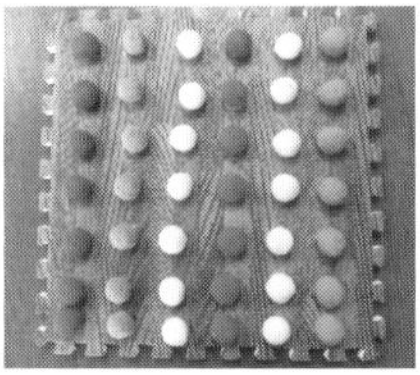
フェルトボール

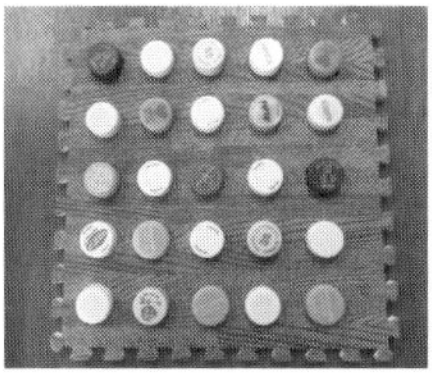
ペットボトルのフタ

人工芝

水を入れたチャック付きポリ袋

手だけでなく，足の裏でも感触を楽しむ姿があった。マットを縦に並べて歩いて通れるようにすると，感触の違いを感じながら歩いていくことができる。

考察

・素材に触れて、五感が刺激される中で、これはどういう感触だろうと好奇心をもったり、想像する力にもつながっていくと感じた。

・「固い」「ふわふわ」など、多彩な感触の理解につながっている様子があった。

実践 12（1歳児）

共有体験を通して、人と関わることを楽しむ
うんとこしょ　どっこいしょ

背景

『大きなかぶ』のエプロンシアターをくり返し見ているうちに，「うんとこしょ　どっこいしょ」と一緒に声を出すようになった。

言語の獲得が急速に進む時期でもあり，言葉を豊かにするために，『大きなかぶ』を用いた保育の展開を考えた。

ねらい

● 保育者や友だちと『大きなかぶ』を題材にしたごっこあそびでふれあい，言葉を豊かにする。

内容（展開）

① 『大きなかぶ』のエプロンシアターをくり返し，かぶを抜く場面で，「うんとこしょ　どっこいしょ」と一緒に声を出す。

② 子どもたちの顔人形を作り，登場人物を子どもたちに変えて，エプロンシアター『大きなかぶ』クラスバージョンをおこない，セリフを言う。

③ 登場した顔人形の子どもに，「○○ちゃん助けてー」と声をかける。一緒に体を揺らして「うんとこしょ　どっこいしょ」と声を出す。

④ 子どもたちで「大きなかぶごっこ」をおこなう。

増田

保育者や友だちと一緒に楽しみながら声を出すことで，保育者や友だちへの親近感が深まります。保育者や友だちとの関わりを楽しむようになり，言葉を使う機会も増えます。

『大きなかぶ』クラスバージョン。子どもたちの顔人形を作り，「うんとこしょ　どっこいしょ」の場面で使った。

考察

・保育者が楽しそうに演じることにより、「自分もやってみたい」という気持ちが生まれ、保育の模倣をすることであそびにつながった。
・『大きなかぶ』の共有体験から「うんとこしょ どっこいしょ」の言葉を通して、子ども同士がつながり、再現あそびに発展した。

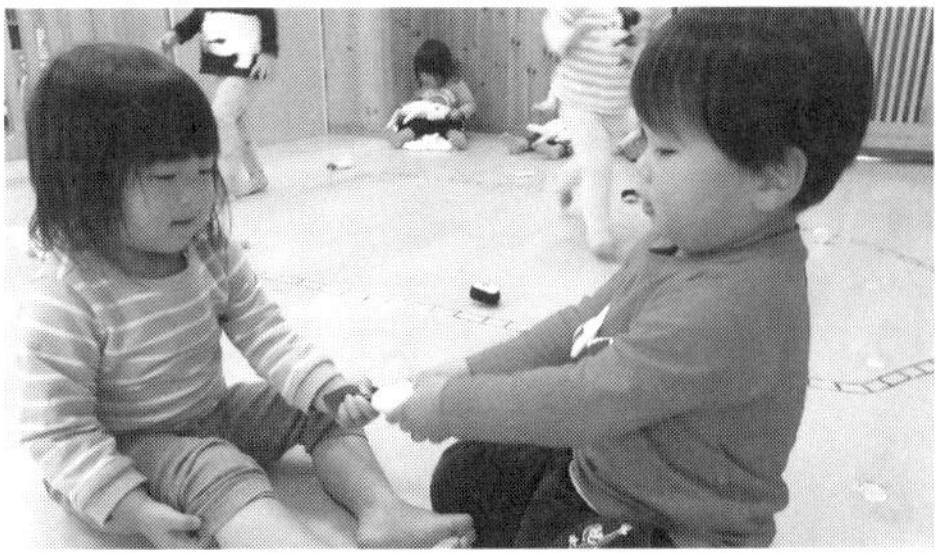

保育者のそばに立って，保育者と同じ動きをおこない，「うんとこしょ　どっこいしょ」と声を出す。

実践13
（1歳児）

形を認識する力が育つ 手作り絵パズル

背景

　発達段階として，言葉を吸収し獲得している時期であり，友だちに興味を示して喃語や片言でやり取りをしようとしている。

　しかし，まだ言葉で意思を伝えることができず，ときには手が出ることもある。

ねらい

- 身近なものや興味のあるもののイラストを用いた手作り絵パズルを楽しみ，語彙を増やす。
- 手先を使って集中するパズルあそびで，完成する満足感や達成感をもつ。
- 絵と絵のつながりがわかるようになる。

内容（展開）

① 「バナナ」「消防車」のイラストを使って４ピースと２ピースのパズルを作る。

② 枠を作り，モノクロの同じイラストを貼る。

③ 最初は２ピースのパズルに取り組み，できた子は４ピースに挑戦する。

④ ４ピースでは組み合わせパターンが多く，複雑だったため，さらに３ピースのパズルを作成した。

増田

図形認知力は文字の獲得に大きく影響します。形を合わせるパズルあそびは，子どもたちの図形認知を育てていく基礎となります。

月齢の高い子のクラスでは，絵がわかり，「バナナ」「消防車，ちょうだい」などと話しながらあそんでいた。
２ピースはできる子が多いが，３ピース，４ピースになると難しく，なかなか完成させることができなかった。

月齢の低い子のクラスでは，パズルに慣れていない子が多く，また，絵を合致させることよりも，ピースを枠にはめることを喜んでいた。絵を見ながら，「バナナ」とつぶやいたりしていた。

考察

・使うピースの数が少ないものから順におこなうことで、できるようになった。その結果、うれしいという気持ちをもち、保育者の顔を見て、「次もやってみたい」という意欲を伝えられるようになってきた。

・形や絵柄を理解して観察する力がつき、「これはここだよ」などと、友だちや保育者に伝える姿が見られた。

実践 14
（1歳児）

母音をはっきり発語できるようになる
手作り母音絵本

背景

1歳児になり自我が芽生え始め，同時に友だちにも興味を示すようになった。

喃語で保育者や友だちとやり取りをする姿も出てきて，友だちの存在を意識するようになってきた。

しかし，まだ言葉でうまく伝えられず手が出ることもあるので，言葉で友だちとの意思疎通が図れるようにしたいと考えた。

ねらい

- 口を大きく開けて，言葉をはっきりと発語できるようにする。
- ものの認知や照合ができるようにし，言葉の獲得につなげる。

内容（展開）

① 母音の「あ・い・う・え・お」の口の動きがわかるイラストを表紙にした絵本を作る。

② 中のページはそれぞれの母音から始まる単語をイラストにし，その母音を発音したときの保育者の顔写真を貼る。

③ 写真とイラストを見ながら保育者が発音し，子どもがまねをして言う。

増田

はっきりした言葉で話せるようになるには，母音をしっかり発語できることがポイントになります。また，母音は日本語の基本であり，言語を獲得する力に直接つながります。

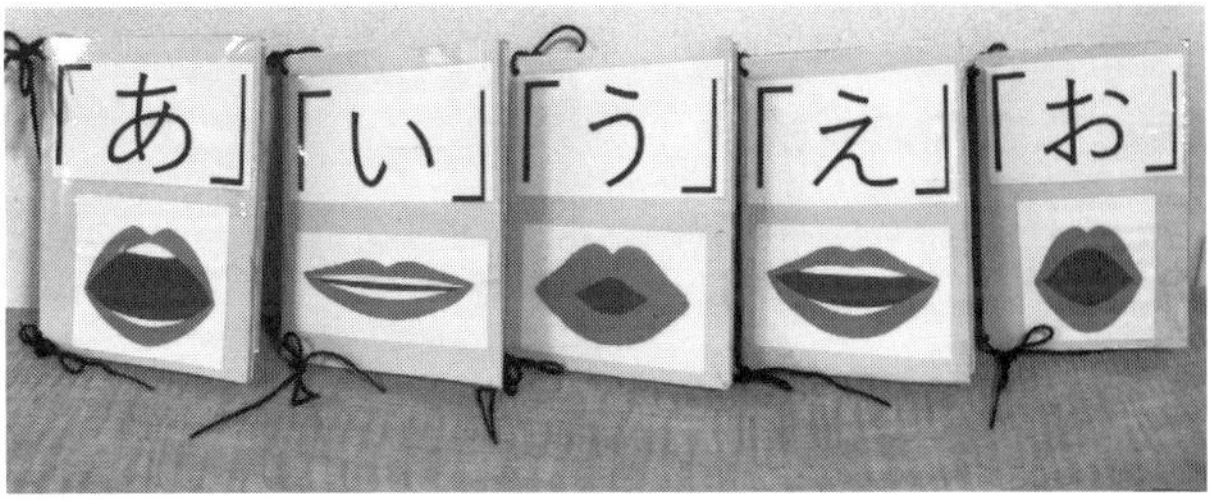

表紙。「あ・い・う・え・お」の5冊を作った。

最初のページは2文字の言葉から始め，ページをめくるごとに3文字，4文字と文字数が多い言葉を集めた。

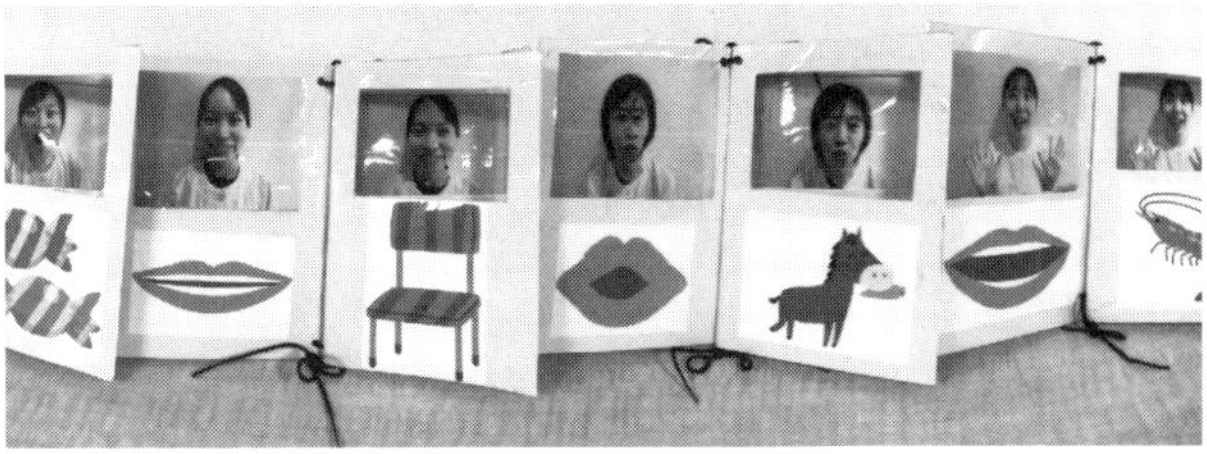

月齢の高い子のクラスでは，言葉をはっきり話す子どもたちが保育者のまねをし始めると，周りの子どもたちも口を動かすようになった。

考察

- 絵本を取り入れる前よりも、口を大きく開いて発音するようになり、表情が豊かになってきた。友だちの様子をよく見てまねをしたり、自分でも表現してみようとするようになった。
- 言葉が鮮明になり、伝えたい言葉が相手に伝わる経験が、「もっと話したい」という意欲や語彙の獲得につながった。

実践15（1歳児）

先生どこ？

信頼関係を深め、発語を促す

背景

表情筋を鍛える運動を続けていたところ，子どもたちの表情が豊かになってきた。表情筋を鍛えながら保育者との関係が深くなるようなあそびを取り入れようと考えた。

ねらい

- 写真を使ってコミュニケーションをとり，保育者への信頼関係を深め，発語を増やす。
- 保育者の写真の場所に気がついたことを認められて，言葉で伝えようとする意欲を育む。

内容（展開）

① 保育者の顔写真を，部屋の壁の子どもの見やすい位置に掲示する。

② 子どもに，「○○先生どこ？」と聞き，子どもは写真を指さして「ここ」と答える。近くにいるときは，その保育者のところに行く。

増田

言語獲得の前段階で必要なのは，人間を認知することです。父，母，保育者などの顔と写真をつなげて理解することが，他者認知につながり，喃語や発語を促します。それが，言語の必要性の認識につながります。

「○○先生どこ？」の問いかけに，写真を指さしして「ここ」とうれしそうに答える。保育者のところに行って「○○先生」と名前を呼ぶ子も増えてきた。

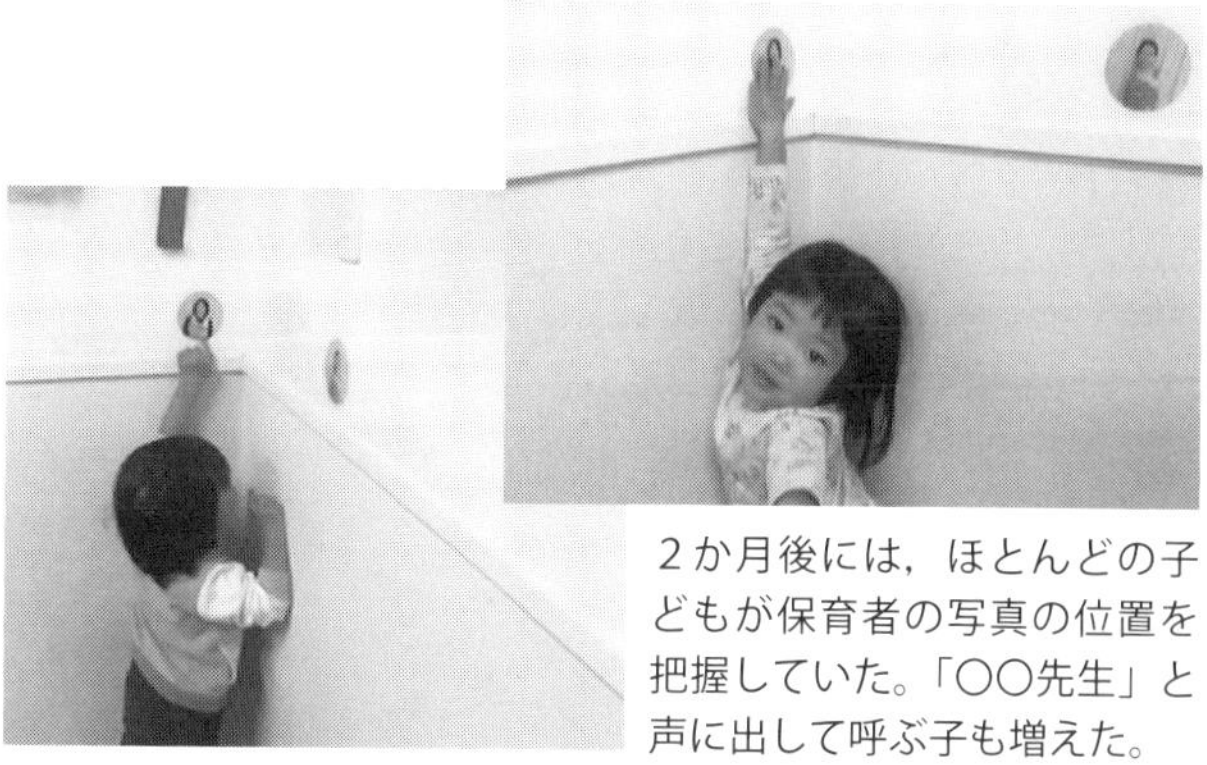

２か月後には，ほとんどの子どもが保育者の写真の位置を把握していた。「○○先生」と声に出して呼ぶ子も増えた。

発展バージョンとして，個人のマークをカードにし，「このマークはだれだ？」と聞いて，その子を探してカードを渡すあそびをおこなった。友だちにカードを渡すとき，「どうぞ」「ありがとう」のやり取りが聞かれた。

考察

・低月齢と高月齢では、理解に差があることがわかった。また、発語が多い子のほうが、保育者の顔と名前をしっかり理解して答えていた。

・あそびを通して保育者と子どもの一対一の時間が多くなり、子どもと保育者との距離が縮まり、信頼関係が深まった。保育者にとっては、子どもの理解力や発語、表情の違いなどの変化をすぐに感じとれるようになった。

実践 16
（2歳児）

知的好奇心を満たし，達成感を得る
シェイクボトルで色あそび

背景

夏の間，水あそびで色水を作り，色が変わる様子に興味を示していた。

さらに知的好奇心を満たすために，塩とチョークを使ったシェイクボトル作りを考えた。

ねらい

- 色あそびの体験を通してイメージを広げ，知的好奇心を満たす。
- 一生懸命ボトルを振ると色が変わる，というごほうびがもらえることで，喜怒哀楽の感情を豊かにする。

内容（展開）

① ペットボトル（120ml サイズ）に，食塩と色付きチョークを入れて，「シェイクボトル」を作成する（塩：ペットボトルの 1/3　色付きチョーク：1/2 本をそのまま入れる）。

② ペットボトルを振って塩とチョークを混ぜ，色が変わるのを楽しむ。

③ 別のペットボトルに②と油を入れて振り，色の変化を楽しむ。

増田

「たくさん振ると色が変わる」という〝ごほうび〟が得られることで，意欲や忍耐力など，学びの土台となる非認知能力が育まれます。

振れば振るほど色が変わる様子に興味津々で，ときどき手を止めて確認する姿があった。

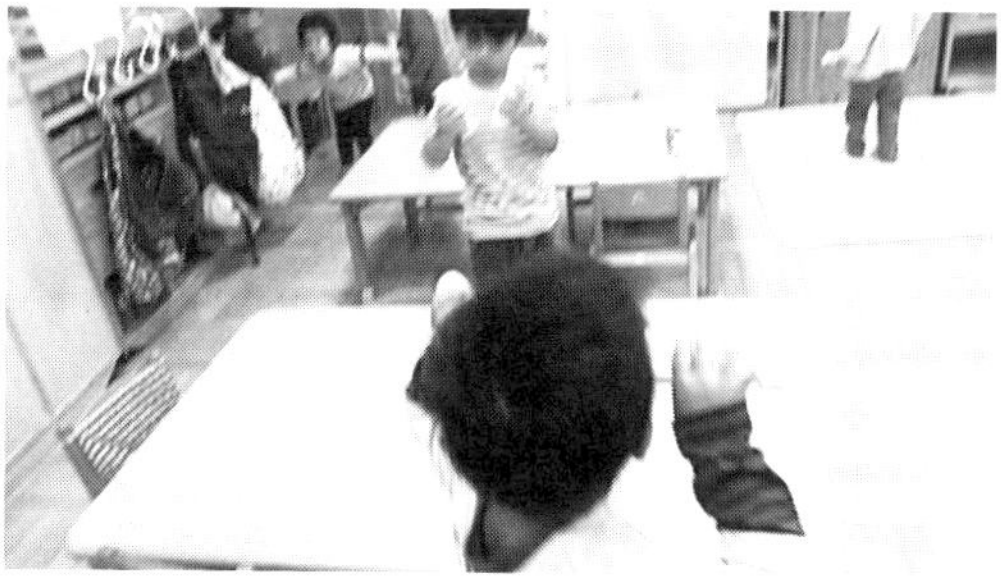

友だちと交換して振ったり，友だちを応援したりする姿もあった。

油を使った「シェイクボトル」は，分離していた粉と油が，振ると混ざり合い，その後再び分離する様子がよくわかり，子どもたちは驚きの声をあげていた。

考察

・それまでの色水あそびは保育者が色水を用意することが多かったが、「自分の力で色を変える」シェイクボトルは、子どもたちの興味・関心がより大きくなった。

・友だちと一緒に変化を見ることで共感性が生まれ、会話が広がっていった。その後も、共通の話題から話が始まるようになり、会話力があがったことも感じられた。

実践 17
（2歳児）

生活に必要な手先の動きが身につく手指あそび

背景

生活の中で，蛇口をひねったりドアノブを回したりなど手先を使う機会が少なくなり，クラス全体として指先が不器用な子が多くなった。

そこで，あそびの中で，ねじる・つまむ・はめる・さす・ちぎるなどの微細運動を取り入れた。

ねらい

- あそびを通して，生活に必要な手先の動かし方を経験し，身のまわりのことを自分でおこなうことができるようにする。
- 手指の活動を通して，脳の発達を促す。

内容（展開）

① ねじる・つまむ・はめる・さす・ちぎる・つまむ（箸）・はさむ（洗濯ばさみ）などの微細運動に取り組めるよう，道具やおもちゃを用意する。

② 自由あそびの時間に，自由に選んで取り組む。

増田

小さいうちから様々な手指活動をすることで，手指の巧緻性が高まり，いろいろな道具を使えるようになります。それは，製作の意欲にもつながっていきます。

指先でビー玉をつまむ。ピンセットでフエルトボールをつまむ。おしぼりの袋を開ける。
といった，指先を使う様々なあそびを用意した。

考察

・指先を使った活動の中で、うまくいかないときは持ち方を変えてみたり、見る角度を変えてみたりして、自分で考えながら取り組む姿があった。あきらめずに、自分で考えて行動する力がついた。

・「ピンセットでフェルトボールをつまめる」など目的をもったことにより一生懸命取り組み、「できた」という成功体験を多く積むことができた。ほかの場面でも自分から物事に取り組む姿が多く見られるようになった。

月齢が低い子も日々の練習でボタンかけができるようになった。

手指あそびを多く取り入れる中で，箸あそびを積極的におこなう子が増え，２歳児の３月には，ほとんどの子が箸を使えるようになった。

実践18（2歳児）

ものの関係性を知る 絵合わせカードあそび

背景

2語文，3語文で自分の気持ちを伝えられる子どももいれば，言葉の理解がはっきりしない子や，話しかけてもおうむ返しで返事をする子が，混在している。

あそびへの集中力が続かなかったり，気持ちが安定しなかったりして，あそびが充実しない様子も見られる。

ねらい

● 好きなことや楽しいことを通して，言葉でのやり取りを促し，もののつながりを理解する力を育てる。

内容（展開）

① ものとものとのつながりがわかるような2枚一組の絵カードを何種類も用意する。

［例］「消防車と炎」「赤ちゃんとミルク」

② カードをバラバラにして机に並べ，「赤ちゃん，どこかな？」「おサルさんはどこにいるかな？」などと言い，1枚のカードを選んでもらう。

③「赤ちゃんは何を飲むのかな？」とクイズ形式にして，関係のあるカードを集められるようにする。

増田

言葉がまだ十分出ていない2歳児にとって，絵はわかりやすいアイテムです。絵カードあそびを通して，ものを認知し，ものとものとのつながりを学びます。

関係がわかりやすい組み合わせの絵カードを作る。子どもと一緒に考えると楽しい。

子どもが多すぎると絵カードを集められない子も出てくるので，3～4人であそぶ。
言葉の理解に差があると決まった子だけがカードを取ることになるので，理解の程度が同じくらいの子どもでグループにするなど配慮する。

考察

・言葉の理解が早い子のグループでは、自分たちで思考しながら取り組む姿があった。何度かくり返してあそぶともの足りない様子もあったので、「うさぎさんはどこ？」ではなく、「耳の長い動物はどこ？」などと、問いかけにアレンジを加えることでさらにイメージが広がった。

・耳から入ってくる情報だけでは理解が難しい子も、絵カードにすることで言葉を視覚的に理解することができ、イメージがふくらみやすく理解が深まった。

実践19（2歳児）

色と形パズル

色や形の認識が高まり、言葉獲得の基礎力が育つ

背景

言語能力の育成をテーマにした学びの中で，図形カードを使った実践があることを知った。

子どもたちがどれだけ色や図形を認識しているのかを確認するため，取り組んでみることにした。

ねらい

- 同じ形や色を組み合わせる，カードを使ったパズルあそびを通して，形や色の認識を高める。
- 同じ形や色を探す中で，観察し，理解する力を育てる。

内容（展開）

＜形パズル＞

① 形を合わせるパズル。丸，三角，四角の色紙を貼ったピースと，パネルを用意する。

② パネルに，パネルと同じ形のピースをのせていく。

＜色と形パズル＞

① 色と形の組み合わせが同じものを見つけるパズル。台紙の色と形の組み合わせの異なるピースと，パネルを用意する。

② パネルに，色と形の組み合わせが全く同じピースをのせていく。

増田

言葉を獲得したり，ものを認知したりするために，形や色の理解は大事な力になります。2歳，3歳と時間をかけて取り組んでもらいたい実践です。

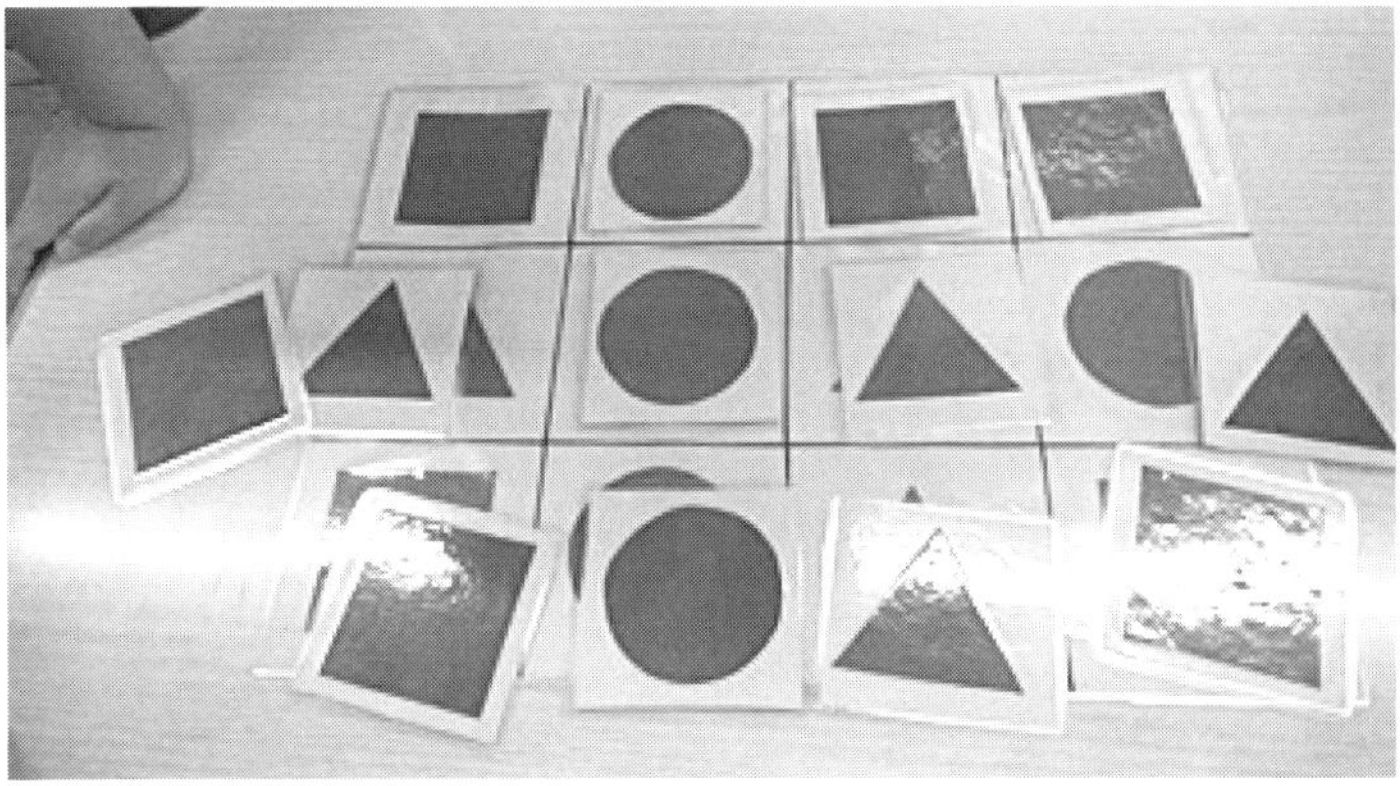

「形パズル」は，ほとんどの子どもが手持ちのカードをパネルにのせることができた。

「色と形パズル」では，形が同じでも色が異なるなど，色と形の組み合わせまで観察が必要になる。
最初は苦戦する子どもも多かったが，くり返す中で，「できた！」「わかった！」と，うれしそうな表情がよく見られるようになった。

考察

・パネルを完成するためには、全体を見ての確認も大切になる。これは生活の中で身のまわりに起きている事象に対し興味を抱いたり、理解する力につながる。そして、思いを言葉にすることへも、つながっていくと感じた。

実践 20
（2歳児）

ものを分けるあそびで、集合の概念が育つ

仲間分けあそび

背景

言葉を使って気持ちを伝えられるようになった子もいれば，言葉の理解が進まない，言葉でのコミュニケーションがなかなか取れない子もいる。

言葉を理解する力を育て，言葉でのやり取りを促すことが課題となっていた。

ねらい

- 好きなあそびや興味のあることを通じて，言葉を使ったやり取りができるようになる。
- 仲間分けを通して，ものの集まり（集合）を理解する。

内容（展開）

① お弁当箱や虫かごの台紙と，中に入れるおにぎりやおかずの絵カード，虫の絵カードを用意する。

② 虫かごには虫を，お弁当箱にはおかずを入れていく。

増田

虫かごや弁当箱などのアイテムを使うことで，ものを分ける「分類」の概念がわかってきます。分類は集合の概念につながっており，小学校の学びにもつながる大事な概念です。

子どもが，虫かご，お弁当箱を選び，入れたいものを選んで完成させる。

何人かであそんでもよいが，個別にあそぶと自分のペースでじっくり取り組むことができる。

考察

- 個別にあそぶことで、自分のペースでじっくり取り組むことができた。また、イラストではなく本物の虫かごやお弁当箱を使うと、イメージがふくらんでスムーズにあそべる子もいた。
- 絵カードを集めながら、子ども同士で会話が成り立つようになってきた。やり取りの楽しさを感じて、同じあそびを一緒に楽しむ姿も見られるようになっている。

実践21
（3歳児）

相手の気持ちを考える力が育つ
“気持ち”かるた

背景

友だちと一緒にあそぶことが増えてくる中，自我の育ちからぶつかり合いも増え，トラブルにつながることもあった。

そこで，まわりの人にも気持ちがあることを知り，集団生活の中で，協調性や思いやりを育みたいと考えた。

ねらい

- 自分だけでなく，友だちの気持ちを考えて行動できるようにする。
- 手作りかるたを使ってあそびながら，集団生活でのルールを知る。

内容（展開）

① 「楽しい」「うれしい」「悲しい」「悔しい」など，気持ちを表す言葉や，「廊下は歩こう」など，行動指針につながる内容のかるたを作成する。読み札に合わせて絵札を作る。

［読み札の例］
ろうかは　あるこう　ぶつかると　かなしいね
めをみて　ごあいさつ　うれしいね
さいごまで　おかたづけ　うれしいね
ちからもち　おてつだいして　うれしいね
かくれんぼ　みんなですると　たのしいね

増田

人との関係を構築するには，自分のものの見方や思いだけではなく，相手の見方や思いを考える力も必要です。その力を育むことのできる実践です。

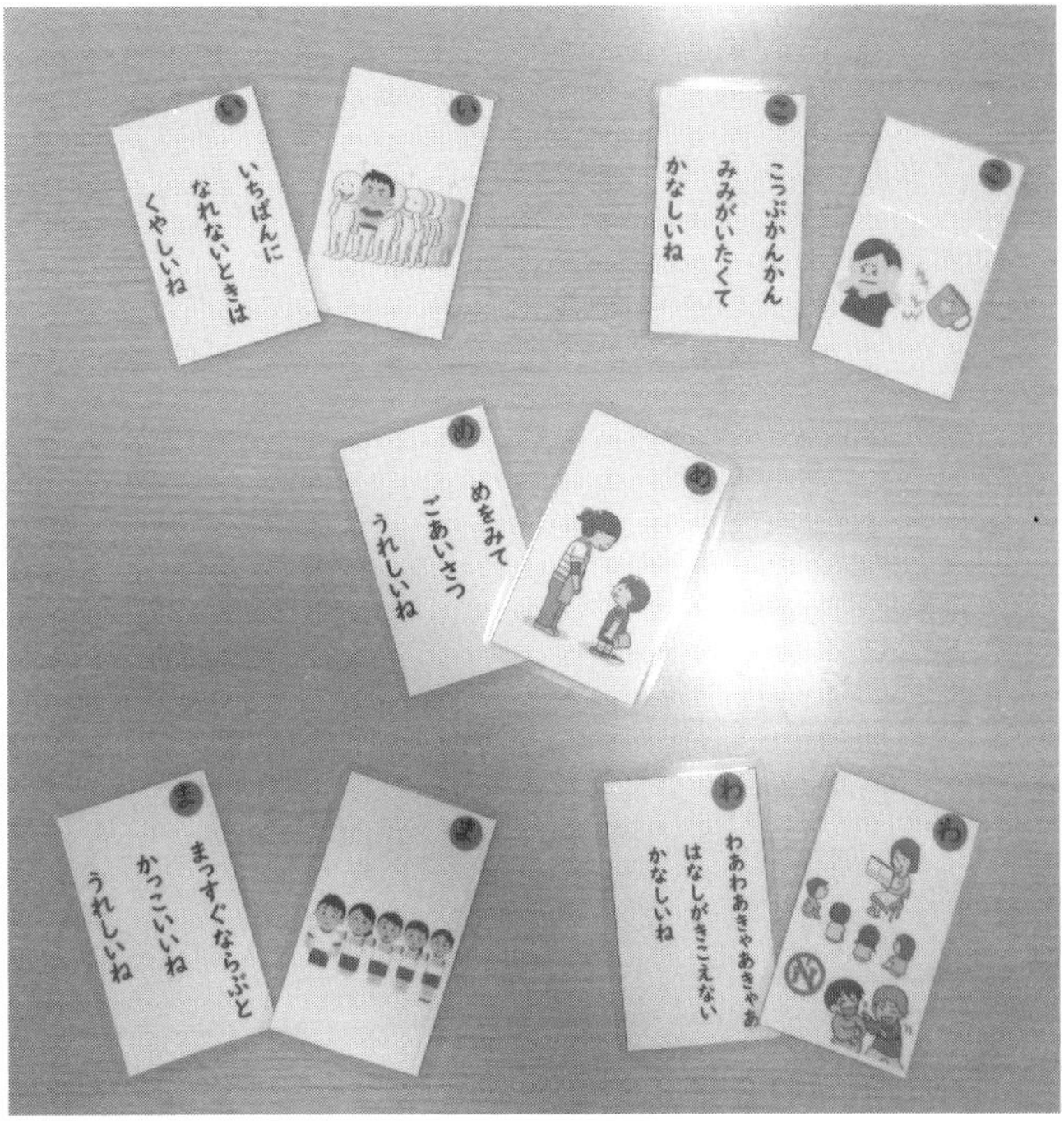

かるたは文字が読めないと難しいのではと思ったが，保育者の読むフレーズを聞いて，絵札を取ることができた。
あそんでいるうちに，ひらがなで探す子も増えてきた。

札を取りやすくするために，少人数でおこない，保育者が読み手となった。枚数を減らしてあそんだりして，「かるたが楽しい」あそびとなるように心がけた。

考察

・かるたを通して、保育園での生活ルールがより理解でき、トラブルが減った。

・トラブルが起こった際に、かるたのフレーズを伝えると、相手の気持ちを理解したり、思い出して納得する場面があった。相手のことを考える行動が見え始め、協調性や思いやりが育ってきたことを感じた。

実践22（3歳児）

話し合いながら一つのものを作り上げる劇あそび

背景

運動会が終わり，子どもたちは「最後までやり遂げることの大切さ」を体験できた。

次の発表会にむけて，子どもたちだけで考える場を設定し，自分の意見を言うことだけでなく，友だちの意見に耳を傾けられるようにしたいと考えた。

ねらい

- みんなで話し合う場をもち，自分の意見をみんなに伝えるとともに，友だちの意見を聞いて，考える。
- 何度も話し合い，意志や考えをまとめていく力を育てる。

内容（展開）

① 話し合いの場をもち，お話選び（子どもたちに人気の絵本から，保育者がいくつか提案する），役決めの方法，役を話し合って決める。

② 大道具やお面，衣装を自分たちで考えて作る。

③ せりふや劇中の歌，振り付けなどを役ごとに考える。

増田

みんなで決めて，みんなで守るという力をつけていくためにも，話し合いながら一つのものを作り上げる「話し合い保育」が大切になります。

話し合い①（役決め）
どのように役決めをするか，子どもたちに問うと「じゃんけん」「話し合い」「譲り合い」「挙手制」の案が出た。挙手制になったが，人数に偏りがあり，譲り合って役が決まった。

話し合い②（役ごとの歌の振り付け）
役によっては意見が出ず，「なんでもいい」「わからない」と話し合いにならないことがあった。後日，再度話し合いをおこなった。

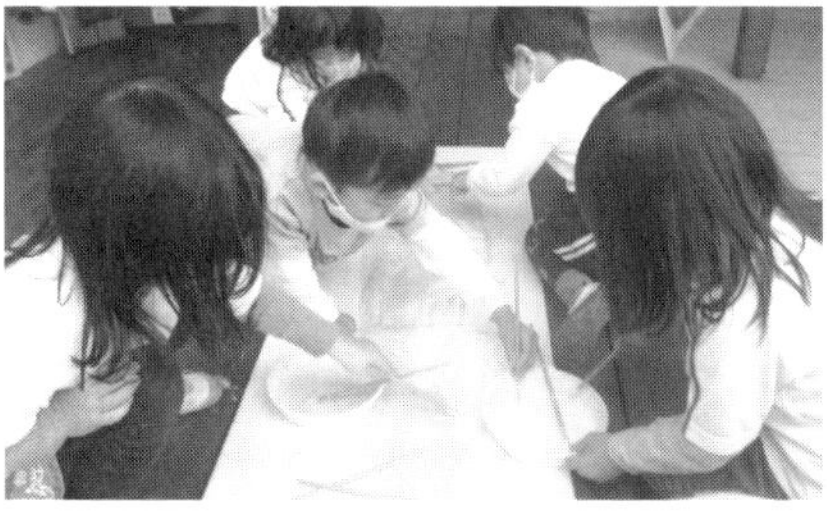

道具作り
どの部分を何色にするか，子どもたちで話し合い決めた。子どもたちでアイデアを出し合っていた。

お面作り
女児を中心にぬり絵がブームになっていたこともあり，カラフルなお面が完成した。

考察

・話を聞ける子と聞けない子の差が大きく、自分が発言する場面においても言えずに黙り込む姿もあった。話し合いの機会を増やして、意見を言ったり、話を聞くことができるようにしていきたい。

・話し合い、劇の練習、道具を作る作業などを通して、コミュニケーション力、クラスの団結力が高まった。

実践23（3歳児）

飼育をコミュニケーションのきっかけに ダンゴムシの飼育

背景

自己主張が弱い子が多く，仲間同士であそびが盛り上がらない様子があった。

3歳児になって広い園庭で自由にあそべるようになり，虫に興味をもつ子どもが増えてきたので，虫をコミュニケーションのきっかけにしようと考えた。

ねらい

● ダンゴムシの観察を通して虫への関心が高まり，友だちとの会話やコミュニケーションが増える。

内容（展開）

① ダンゴムシの飼育の前に，ダンゴムシの絵と特徴を掲示し，興味をもてるようにする。

② ダンゴムシを飼育するには，どのようにしたらよいか飼育環境を話し合う。

③ 保育者がダンゴムシの変化に気づいたときは子どもたちに伝え，図鑑などで調べられるようにする。

④ ダンゴムシの絵を描く，歌を作るなど，ダンゴムシへの興味を広げる。

※ダンゴムシは右・左・右…と交互に進む「交替性転向反応」という行動をとる。そこで，迷路を作り，観察しても楽しい。

増田

子どもにとってダンゴムシは身近ないきものです。飼育だけでなく，絵を描いたり歌を作ったりを通していきものへの興味・関心を育て，コミュニケーションにもつなげていきます。

ダンゴムシの特徴を描いたイラストを掲示したところ，「皮がむけるの？」「葉っぱを食べるんだ！」と友だち同士で話し合いながら，見ていた。

ダンゴムシの腹が白くなっていることに保育者が気づいたので，子どもたちに伝えると，図鑑で調べて「赤ちゃんだ！」。誕生を心待ちにして，生まれると目を輝かせて観察していた。

1枚の模造紙に，みんなでダンゴムシの絵を描くことにした。順番を待つ間も，ダンゴムシを観察したり，友だち同士で「かわいいね」と話し合ったりしていた。

考察

・育てることのうれしさや達成感、充実感を共有する過程で、友だちの意見や発言を聞けるようになってきた。疑問があると一緒に考えたり、調べたりする姿もあり、観察を通して、クラスの仲が深まってきた。

・「これをやりたい」「こうしたい」と自分の思いを素直に表現できるようになった。

実践24（3歳児）

言葉のかけ合いを楽しむ劇あそび

背景

生活発表会で劇あそびをおこなったが，楽しむというより，セリフや動きを覚えることに必死になる様子があった。発表会後，一人の子から，同じシリーズの別の話で劇あそびがやりたいと声が上がり，ほかの子も「やりたい」と興味を示した。

そこで，子どもたちが今度は劇あそびを楽しめるといいなと考えた。

ねらい

- 生活発表会でおこなった『おかしになりたいピーマン』の劇あそびのセリフを生かしながら，『おもちゃになりたいにんじん』の劇あそびを楽しむ。

内容（展開）

① 子どもからあがった題材の絵本と画用紙を用意し，保育者が絵（線）を描き，子どもが色を塗る。

② 絵のまわりを子どもがはさみで切る。保育者が頭にかぶれるようにする。

③ 即興の劇あそび（言葉のかけ合い）を楽しむ。

増田

生活発表会からあそびをつなげていくことは，子どもたちの意欲を育てるうえで，必要な視点です。また，子どもたちが主体となって劇あそびをおこなうことは，「話し合い保育」の真骨頂でしょう。

子どもたちは自分から「やりたい」とクレヨンをもってきた。いつもの製作の時間より力強く描く様子が見られた。ハサミの使用でも，いつもは消極的な子どもも，積極的に切る様子が見られた。

今回の劇あそびは，発表会で披露した劇あそびとはまた違った，3歳児らしい表現の楽しみ方ができたように感じた。

考察

・クラスの子どもたちの多くが、発表会で達成感を感じることができたので、再度、劇あそびを楽しむことができたと思う。

・「やりたい」思いをもった子どもたちが共感し合ったことで、意欲の高まりが見られた。保育者も子どもの思いに共感し、すぐに環境を用意するなど、柔軟に保育することを常に意識しておく大切さを感じた。

実践25
（4歳児）

伝わる話し方が身につく ピクトグラムで伝えよう！

増田

誰でも見て瞬間的にわかる「ピクトグラム」を使ったあそびです。伝えたいことを相手にわかりやすく伝える力が育つ実践です。

背景

言葉が巧みになってきて友だちとの会話が弾んでいる反面，「先生，お茶」など，単語の羅列で会話が成立する様子が見受けられた。

そこで，会話能力をあげて，伝わる話し方を身につけてほしいと考えた。

ねらい

- 単語の羅列ではなく，伝わる話し方ができるようになる。
- 話すだけではなく，聞く力も養う。
- 困ったことを伝えられるようになる。

内容（展開）

① 話し方を視覚化する絵カードを作成する。カードはピクトグラムを使ってシンプルなものにする。

② 理想的な話し方（「いつ」「どこで」「だれが」「なにをした」の４項目で話す）を，絵カードを使いながら保育者が手本を示す。

③ 子どもたちが経験したことを聞き，保育者が絵カードを使いながら話す。

④ 子どもが絵カードを使って，みんなの前で話をする。

話し方の要素を示す４項目のピクトグラムは，フリー素材で作った。
このカードに当てはめて話をすると，情報が伝わりやすいことを伝え，実際にカードを示しながら話してみる。

シンプルなピクトグラムだけではなく，様々な場面を絵カードで用意する。用意した絵カードを選んで並べることで，「話すこと」と「見ること」がつながって，伝える話し方が身についてきた。

考察

・話す内容を４項目のピクトグラムを使ってパターン化することで、子どもたちが話の内容を組み立てやすくなった。その結果、みんなの前で話すことが苦手な子も、挙手をして発表する姿があった。

・「自分の話を聞いてもらいたい」という気持ちから、普段は聞くことが苦手な子も、友だちの話に耳を傾ける姿があった。

実践26（4歳児）

図形認識の力がつく
形パズル

背景

丸，三角，四角の形は知っていても，それらをつなぐとどんな形ができるのか，形にもいろいろあることなどを知らない子が多くいた。

でき上がりを見て作ろうとしても理解ができず，同じ形を作れない姿があった。

ねらい

● 年長に上がるまでに図形が認識できるようになる。

● でき上がりを見て同じ形を作れるようになる。

内容（展開）

① 様々な完成形のカードを作る。実際のタングラムを使って形を作り，作った形をそのままカラーコピーしてカードにする。簡単な形から1，2，3とナンバーをつけておく。

② 子どもはカードを選んで，タングラムを使って色も形も再現してあそぶ。

③ スタンプラリーカードを用意し，形が完成したら，カードと同じ番号のマスにシールを貼って，次の番号の形にチャレンジする。

増田

形を認知し，見本と同じように並べていくことは，図形認知の力を大きく伸ばします。図形認知の力は，小学校までに身につけてほしい力の一つです。

初めのころは，完成形のカードのパーツをなかなか見つけられず，時間がかかっていたが，だんだん早くできるようになった。

スタンプラリー形式にしたことで，集中して取り組む姿が見られ，達成感をより感じられていた。

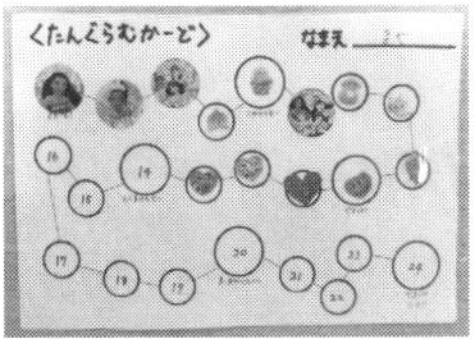

友だちに教えてもらいながらも，完成形のカードを見て先生との対決！　先生に勝ってうれしそうにする様子が見られていた。

４歳児と５歳児で対決をおこなった。何度も練習して，対戦に臨み，当日は緊張しながらも集中して取り組む姿があった。

考察

・形パズルに取り組んだことで、図形認識や集中力がついてきた。
・くり返し楽しむ中で、どんどん形を作るのが早くなり、形の認識も高まっていった。

実践 27
（4歳児）

「見立てる力」が育つ
顔探しと表情観察

背景

友だち同士で誘い合ってあそぶようになってきたが，強い口調になったり，相手の気持ちに気づけなかったり，気持ちを相手に伝えられなかったりする姿もある。

一人の子が，「この木，お顔に見える」と言ったことから始まった「顔探し」から，いろいろな表情があることを伝えたいと考えた。

ねらい

● 身のまわりにあるものの中から顔を見つけるあそびを通して，表情と気持ちについて知り，表情から気持ちを想像できるようにする。

内容（展開）

① みんなで，身のまわりのものから顔に見えるものを探し，保育者が写真に撮る。

② 写真を大きな紙に貼り出して，どんな表情をしているか，どんな気持ちかをみんなで考える。

③ 友だちの表情を見て，その子がどんな気持ちかをクイズ形式にして考えてみる。

増田

あそびながら「見立てる力」が育まれる実践です。見立てる力は，教科学習にも必要な，複眼的なものの見方，様々な角度からものを見る力の基礎になります。

＜子どもの言葉より＞

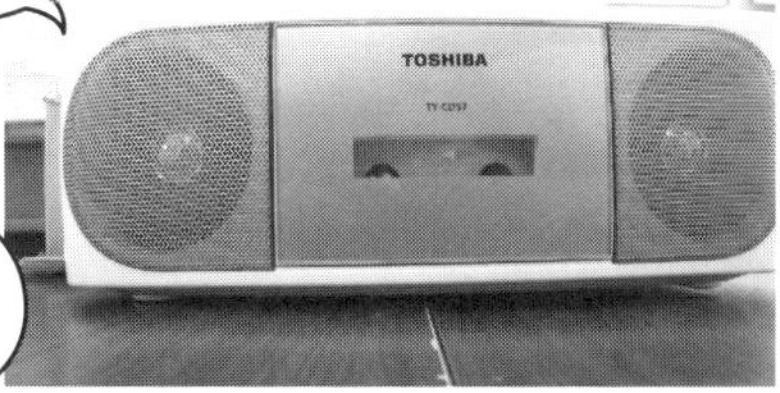
じ～っと考えているみたい

花火を見て，きれいだねーって言っている

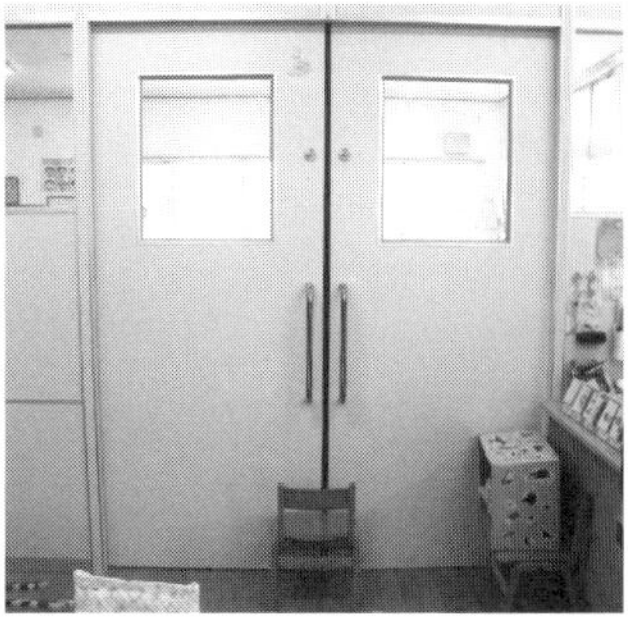
ぼくぼく，かわいいでしょって言っている

みんなで探すとたくさんの「顔」が見つかった。

撮影し，印刷して貼り出すことで，顔の比較ができるようになり，表情を感じ取れるようになった。

「○○だから○○の表情」「○○のときの顔」などと，理由にも言及できている。

考察

・顔探しでは、発見を友だちと共有し、共感し合うことで相手の気持ちにも気づけるようになったが、言葉にして表現することはまだ難しいようだった。その後、表情から気持ちを想像する中で、少しずつ言葉で伝えられるようになった。

・友だちに対しての興味が広がってきたので、さらに相手の気持ちを読み取れるように、「顔探し」のあそびを継続していく。

実践28（4歳児）

絵を通して自分の気持ちを伝える 自由画でお話

背景

友だち同士の会話も増え，言葉で気持ちを伝えることが上手になってきたが，伝えることをまとめたり，的確な語彙を使ったりすることが難しい様子。

そこで，家族をテーマにした絵を描いて，それについて話す機会を作ろうと考えた。

ねらい

- 家族をテーマにして自由に絵を描き，気持ちを伝える。
- テーマに沿った絵を描く。

内容（展開）

①「おうちでの楽しいこと」「家族での思い出」を描いてみようと言葉をかけて，クレヨンで自由に描く。

② 描き終わった子から保育者のところに来て，描いた絵を見せながら，何をしているところか，どんな気持ちだったかを1対1で話す。

増田

子どもは絵を描きながら絵と対話をしています。その対話をもとに話すことで，自分の気持ちを伝えやすくなります。みんなの前で発表することで伝える力が育ちます。

「家族でプールに入っているところ」
一緒に住んでいる家族全員が登場する休日の出来事を描き，その様子を話した。

「大きなお鍋のスープを一人で飲んでいる」
家での出来事ではなく，理想を絵に描き，そのことを話した。

「お人形とくっついているところ。オーロラが出てきてくれてペロペロキャンディーを食べたい」
保育者に話しているうちに，願望の話へと変わっていった。

考察

- 全員が絵について説明することができた。イメージを持って描く子もいたが、途中でテーマを忘れる子もいて表現力には個人差が見られた。
- 友だちや保育者の似顔絵を描いてプレゼントしたり、友だちに絵の説明をしたりする姿が見られ、絵がコミュニケーションのきっかけになっている。

おわりに

幼保小の連携とつながりについて、これほど取り上げられるようになってきたということは、それだけ小学校の大変さが増したことを指すのではないかと思います。

とくに低学年は、想像以上に大変になってきています。それは、1章でも書きましたが、暴力行為の激増からも見てとることができます。その暴力行為の増加は、「言語能力の貧しさ」が根底にあるのではないかと考えています。

例えば、指導が大変な1年生の学級を10月に見に行くと、3分の1ぐらいの子どもが文章をまともに書くことができませんでした。ひらがなを間違えている子どもがいるだけでなく、字の形も崩れている子どもが多いのです。

また、「拾い読み」の子どもがびっくりするほど多くいます。拾い読みの子どもは、読むところを見ています。「スラスラ読み」になるためには、文を読んでいるときには、目は先を見ていないといけないのです。このような力を身につけるには、語彙力の育成が大切です。

また、「非認知能力」と同時に「認知能力」をバランスよく育てていくことも大切なポイントになってきます。

「幼保小の架け橋プログラム」と言われても、何をどうしたらよいかわからない方が多いのではないでしょうか。とくに、どのような実践が「幼保小の連携」になるのかが、わからない方が多いのではと思うのです。

幼保小の連携は、5歳児と小学校1年生だけのつながりを考えるものではありません。乳幼児期から、一貫して取り組むべきものです。それは、例えば乳児期における他者認知から始まり、喃語・発語と促していき、言語能力を高めていくということからつながっていくのです。

今回、この本で紹介している実践は、私が研修講師やアドバイザーとして関わっている保育園です。どの保育園も、一生懸命実践に取り組みました。それぞれの園の実践レベルは、正直違いがあります。しかし、この本を読めば何かしらの日からの保育に役立つことが見つかるはずです。

子どもたち一人ひとりの幸せを創りだしていく最初の責任者は、保育者です。そうした重い責任を負っているのが、保育園・幼稚園なのです。そのことの責務をわかってほしいと思います。

同時に、保育実践は楽しんでやってほしいとも思うのです。子どもと笑い合い、つながり合っていくことにこそ、保育の醍醐味があると思うのです。その中に、「いかに成長させていくか」のエッセンスを散りばめられていたら最高です。

２０２３年12月のクリスマスの日に

白梅学園大学　増田修治

協力

社会福祉法人たけの子福祉会　第２府中保育園（東京都府中市）

園　長　目時寿美子
副園長兼主任　犬飼真由美
保育士　市川一枝　松本淳子　時田二郎　舟崎幸子　和田あかり
　　　　中泉さとみ　田場啓介　曽木未萌　八巻綾美　村田朋弥
　　　　関塚詠美　古田舞美　小野円香　佐藤光　湯本彩佳　菊野紗弥
　　　　玉井夕希子　室樹里　平野瑞歩　本間綾乃　石川美来　長田璃音
　　　　渡辺由紀　大河原恵　二村美恵子　山本桂子　小澤彩子

宗教法人西蔵院　是政保育園（東京都府中市）

代表役員　榎本隆乗
園　長　榎本崇子
副園長　榎本由紀子
主　任　杉山典子　木口清美
副主任　草野麻樹　谷上香織　蓮見志げみ
保育士　徳間沙弥香　佐藤紫乃　山﨑綾子　松本桃子　比留間優花
　　　　石川珠紀　南雲美咲　藤田美佑　望月 梓　今村舞衣　高見麻友
　　　　古賀裕子　松岡帆架　宗田千陽希　黒河内詩織　関口由美子
　　　　伊藤文香　若林 綾　榎本隆真

社会福祉法人きはだ会　有度十七夜山保育園（静岡県静岡市）

園　長　笠井友泰
主　任　鈴木 泉
保育士　大蔵澄枝　岩﨑敦子　栗田佳奈　高橋亜依　所 芽衣　出口渚紗
　　　　高橋里奈　池ヶ谷成美　泉 杏佳　小澤悠紀　白鳥桃加　深山七瀬
　　　　内田沙英　石川結梨　山下柊太　岡田美空

社会福祉法人きはだ会　十七夜山しぶかわほいくえん（静岡県静岡市）

園　長　天野歌子
主　任　小笠原聡子
保育士　植松美佐子　内藤美里　松浦裕美　三浦佳子　澤村 舞　金井瑞穂
　　　　望月嘉子　山口純加　小澤碧海　油井琴音　永田実優　望月静歌
　　　　山田愛梨　佐藤玲菜　髙橋瑞葵

埼玉県川越市教育委員会

著　者　増田修治

白梅学園大学子ども学部子ども学科教授

大阪教育大学メンタルヘルスサポートセンター研究員

埼玉大学教育学部卒業。28 年間小学校教諭として勤務し,「ユーモア詩」を用いた教育を実践。

2008 年より現職。川越市架け橋連携協議会委員長。小学校教諭を目指す学生の指導と並行して，東京都板橋区の保育園と 10 年間共同で感覚統合・体幹・非認知能力と子どもの発達の関係性について研究。また, 私立保育園とも 2 年間共同研究をおこなう。

専門は，臨床教育学，教師教育論，教育実践論，学級経営論。

書著は,『幼児期の終わりまでに育ってほしい 10 の姿を育む保育実践 32』(黎明書房),『小 1 プロブレム対策のための活動ハンドブック 増田メソッド』(日本標準),『遊びにつなぐ！　場面から読み取る子どもの発達』(中央法規出版) ほか多数。

装丁・デザイン　ベラビスタスタジオ
編　集　こんぺいとぷらねっと

小学校《しょうがっこう》にうまくつなげる「架《か》け橋《はし》期《き》」の保育実践《ほいくじっせん》アイデア集《しゅう》

2024 年 2 月 25 日　初版発行
著　者　増《ます》田《だ》修《しゅう》治《じ》
発行者　武馬久仁裕
印　刷　株式会社 太洋社
製　本　株式会社 太洋社

発 行 所　株式会社 黎《れい》明《めい》書《しょ》房《ぼう》
〒460-0002　名古屋市中区丸の内 3-6-27　EBS ビル　☎ 052-962-3045
FAX 052-951-9065　振替・00880-1-59001
〒101-0047　東京連絡所・千代田区内神田 1-12-12　美土代ビル 6 階
☎ 03-3268-3470

落丁本・乱丁本はお取替します。　ISBN978-4-654-06107-5